DINÂMICAS PEDAGÓGICAS:
Técnicas e textos para o crescimento pessoal e coletivo

Canísio Mayer

DINÂMICAS PEDAGÓGICAS:
Técnicas e textos para o crescimento pessoal e coletivo

DIREÇÃO EDITORIAL:
Marlos Aurélio

REVISÃO:
Leo Agapejev de Andrade

CONSELHO EDITORIAL:
Marlos Aurélio
Avelino Grassi
Fábio E. R. Silva
Márcio Fabri dos Anjos
Mauro Vilela

DIAGRAMAÇÃO:
Tatiana Alleoni Crivellari

CAPA:
Tatiane Santos de Oliveira

PINTURA DA CAPA:
Judy Henroz

COPIDESQUE:
Ana Rosa Barbosa

2ª impressão

© Editora Ideias & Letras, 2020

Rua Barão de Itapetininga, 274
República - São Paulo/SP
Cep: 01042-000 – (11) 3862-4831
Televendas: 0800 777 6004
vendas@ideiaseletras.com.br
www.ideiaseletras.com.br

**Dados Internacionais de Catalogação na Publicação (CIP)
(Câmara Brasileira do Livro, SP, Brasil)**

Dinâmicas pedagógicas: Técnicas e textos para o crescimento pessoal e coletivo /
Canísio Mayer.
São Paulo: Ideias & Letras, 2015.

Bibliografia.
ISBN 978-85-5580-002-3

1. Aprendizagem 2. Dinâmica de grupo
3. Grupos sociais 4. Relações humanas
I. Título.

15-0980   CDD-302.3

Índice para catálogo sistemático:
1. Técnicas: Dinâmica de grupo: Psicologia social   302.3

A todos os facilitadores de Dinâmicas de Grupo,
aos educadores, coordenadores, monitores e a
todos que trabalham com diferentes tipos de grupos.

Sumário

Prefácio		9
Introdução		13
Para o bom uso deste livro		17
Capítulo 1	Dinâmica da Vez	21
Capítulo 2	Dinâmica do Novo Olhar	27
Capítulo 3	Dinâmica das Etiquetas	33
Capítulo 4	Dinâmica do Retrato	39
Capítulo 5	Dinâmica do Celular	45
Capítulo 6	Dinâmica do Computador	51
Capítulo 7	Dinâmica do Livro	61
Capítulo 8	Dinâmica da Poesia	67
Capítulo 9	Dinâmica das Músicas	73
Capítulo 10	Dinâmica da Agenda	79
Capítulo 11	Dinâmica da Estrela	83
Capítulo 12	Dinâmica dos Condicionamentos	91
Capítulo 13	Dinâmica das Opiniões	97
Capítulo 14	Dinâmica das Representações	105
Capítulo 15	Dinâmica da Escuta Diferente	113

Referências	121
Apêndices	127
A. *Quem...*	129
B. *Se for para...*	130
C. *Viva mais...*	132
D. *Quero ser...*	133
E. *Prefiro ser...*	134
F. *A morada da felicidade*	135
G. *A força*	136
H. *Você amadurece*	138
I. *Você é especial*	139
J. *Sonho*	139
K. *Quando...*	141
L. *Aprendiz*	142
M. *Discernimento*	142
N. *Deixar-se encontrar*	143
O. *Celebrar*	144
P. *Hoje e amanhã*	145
Q. *O menos pode ser mais*	146
R. *Movimento pensante*	147
S. *Sábia curiosidade*	148
T. *Dois verbos e uma vida*	149

Prefácio

Alguns anos atrás vi um filme muito interessante, sobre um poeta revolucionário latino-americano, Pablo Neruda. O filme falava do período em que ele esteve exilado na costa litorânea da Itália. Durante o tempo em que Neruda ficou na Itália, numa casa no alto das montanhas, havia um carteiro que entregava suas correspondências. Uma relação de afeto e encantamento foi se tecendo entre Neruda e o carteiro. O carteiro se encantou pelas poesias que o poeta escrevia, com as metáforas que usava para falar do amor, das dores, da vida e do cotidiano. O carteiro começa a interpretar as poesias do poeta relacionando-as com a realidade que vivia. Um dia, diante de um sentimento amoroso que enchia o coração do carteiro, ele escreveu para sua amada uma poesia de Neruda. Então, este, quando toma conhecimento do fato, chama o carteiro e o repreende, dizendo que não poderia ter feito aquilo, usar uma coisa que não era dele. O carteiro, de maneira serena, diz ao poeta: "A poesia não é de quem a fez, mas é de quem precisa dela".

Retomo essa pequena parte do belo filme *O carteiro e o poeta*[1] para iniciar a apresentação deste livro que você tem agora em suas mãos. Assim como o poeta faz a poesia, a partir do momento em que é declamada, escrita, publicada, revelada de alguma

---

1   O CARTEIRO E O POETA (*Il Postino*). Direção de Michael Radford. Produção de Gaetano Daniele, Mario Cecchi Gori e Vittorio Cecchi Gori. Itália: Disney/Buena Vista, 1995, DVD (116 minutos).

forma, ela não é mais somente do poeta que a escreveu, mas de todos/as que a escutam e leem. Isso porque ela faz uma interação direta com a realidade da pessoa que está ouvindo ou lendo, e vai servir às necessidades que a pessoa tem naquele momento.

Assim acontece com esta obra, que é gerada dos sentimentos, das ideias, das mãos, da dedicação de uma pessoa que tem se demonstrado muito sensível e atenta ao trabalho educativo. Canísio Mayer, na sua experiência com as pessoas e com variados grupos, vai sentindo e se envolvendo com suas necessidades e desejos de que tudo que se faça tenha sentido, afinal de contas é isso o que nos impulsiona na vida, fazer coisas que tenham sentido, que deem sentido. E para isso é necessário fazer diferente, e para fazer diferente, exige-se coragem de ousar, arriscar, desinstalar, reinventar, metaforizar, poetizar, encantar, recriar, dinamizar.

Este livro de dinâmicas que Canísio, na sua excitabilidade e ousadia, escreve e agora socializa conosco, quer ser como a poesia de Neruda foi para aquele carteiro. Ele quer fazer uma interação com todos/as que desejam fazer da sua ação educacional com os grupos, uma ação diferenciada. Algo alternativo diante do comum, algo que seja como a poesia, que trata de coisas do cotidiano de maneira distinta. Poeticamente.

Numa das conversas com Canísio, partilhávamos os clamores que muitas pessoas que trabalham com grupos têm: como fazer um trabalho dinâmico, atraente? Como tratar de determinados assuntos de maneira menos cansativa, monótona? Como ser mais criativo para fazer as pessoas participarem da construção do conhecimento? Como fazer para que as pessoas se empolguem nas discussões de assuntos sérios que são relevantes para sua vida e para a sociedade?

Canísio Mayer

Esses clamores expressam um dos grandes desafios dos educadores contemporâneos, seja no âmbito formal ou informal. É mister recriar o jeito de fazer no tempo e na realidade que estamos. A partir da experiência feita nos trabalhos com adolescentes e jovens e de educadores que trabalham com o público nos mais variados espaços, acredito que as dinâmicas sejam excelentes instrumentos, que ajudam com um outro jeito de fazer as coisas. Porque as dinâmicas inteligentes, bem introduzidas e preparadas podem contribuir para a reflexão, discussão, os debates de maneira lúdica e criativa dos vários assuntos ligados ao cotidiano pessoal e social. E nem sempre é fácil fazê-lo de maneira agradável e compreensível, a fim de que desperte a consciência e convoque posturas e uma intervenção pessoal e coletiva. Assim, transforma as relações tradicionais carregadas de preconceitos, desigualdades, violências e dominação em novas relações, pautadas no respeito, na diversidade e no direito que cada ser vivo tem neste planeta.

Canísio, na configuração carinhosa de pensar, elaborar e organizar este livro de dinâmicas, revela o desejo de que seja um instrumento que possibilite o exercício da criatividade e do novo naquilo que é tradicional, coloquial. E isso ele faz com uma atenção especial à linguagem, aos símbolos e sons da realidade para que não seja desligada do cotidiano do público com o qual trabalhamos.

Canísio, obrigada por este gesto de carinho em formas dinâmicas. Este livro não é mais só seu, ele é de quem precisar dele.

Profa. Vanildes Gonçalves dos Santos (PUC-SP)

Introdução

Aquele que quer aprender a voar um dia
precisa primeiro aprender a ficar de pé,
caminhar, correr, escalar e dançar;
ninguém consegue voar só aprendendo voo.

(Friedrich Nietzsche)

O presente livro é perpassado por dinâmicas, que são como "parábolas vivas e criativas" que querem desencadear uma vivência, com forte conotação pedagógica. Objetiva levar pessoas e grupos a verdadeiras vivências. Os três grandes horizontes que constituem o coração e a alma dessas dinâmicas pedagógicas estão dispostos a seguir:

1. Todas estas páginas são movidas pelos pilares da Educação que a Unesco propõe em todos os níveis: *aprender a conhecer, aprender a conviver, aprender a fazer* e *aprender a ser.* As dinâmicas de grupos são um excelente método vivencial, envolvente e participativo que busca viver de forma articulada esses quatro desejos em forma de objetivos.

2. Todas as sugestões em forma de dinâmicas buscam ajudar e desafiar os participantes a transformarem informações em conhecimento, e este em sabedoria de vida. Aqui entra a importância do coordenador, assessor e educador como um

· Dinâmicas pedagógicas:
Técnicas e textos para o crescimento pessoal e coletivo ·

"costureiro" que ajuda a compreender, relacionar, diferenciar, articular e transformar as informações em saber e em mística de vida.

3. Toda a mística deste livro é movida por uma dimensão poética que dá, ao mesmo tempo, leveza e seriedade. Basta olhar para o que mais marcou nossa vida que descobrimos que sempre tem algo de poético, de pessoas diferenciadas, de olhares compreensíveis e de momentos marcantes. Como já citado em meu livro *Sonhos em poesia*, diz Celso Antunes que "o mundo necessita de poesia e a educação precisa de mais lirismo. Os poemas que encontrei neste livro saciaram a minha fome e embalaram meus sonhos".

Escrever um livro é uma arte e uma sabedoria, um desejo e uma realidade, um horizonte e uma esperança. É um empreendimento, ao mesmo tempo laborioso e prazeroso; é uma síntese salutar entre a realidade e o sonho; uma ponte entre o já traçado e o totalmente imprevisível; um abraço entre o passado e o futuro; um encontro entre o lógico e o inusitado; o casamento entre a semente e a flor; um encontro com o dom maior, a vida.

O que dá singeleza a um livro é a apreciação recíproca entre a proposta do escritor e a ressonância vibrante no coração do leitor. Este livro tem uma pretensão ousada: não deseja servir apenas para leitura, mas quer provocar nos leitores e em diferentes grupos:

experiências únicas,
vivências fundantes,
impactos fortes,
momentos marcantes e
atitudes consequentes.

O livro quer ser um instrumental de ajuda – um referencial – capaz de provocar esse mergulho profundo, esse lançar--se em novos horizontes, essa grandeza de dar sentido e sabor a todas as pequenas e grandes coisas que fazem a vida ser interessante e digna.

O acento maior deste livro está no que ele quer provocar nas pessoas e nos grupos, isto é, que sejam progressivamente protagonistas do seu dia a dia, das suas decisões, do seu momento atual, dos seus sonhos, da sua vida. O trabalho com dinâmicas – além de todas as outras vantagens – reforça esse dinamismo e essa busca tão necessários e vitais aos nossos tempos.

Aqui você encontrará quinze dinâmicas e vinte textos sugestivos que poderão ser úteis nos mais variados momentos da vida e nos mais diferentes tipos de grupos, como os de: professores, jovens, adolescentes, estudantes, empresas, organizações, cooperativas, assistentes sociais, pessoas ligadas à saúde, ao meio ambiente...

Além de degustar e saborear cada página deste livro, sugira--o a pessoas próximas, presenteie pessoas amigas, recomende-o para quem trabalha com grupos. Faça dele o que ele próprio deseja ser: uma referência, um instrumental de ajuda, um "oásis", um ponto de chegada e de partida.

Agradeço a todos que me apoiaram neste trabalho.

O autor

Para o bom uso deste livro

Ao longo do desenvolvimento das dinâmicas existem indicações e orientações para o bom uso deste livro. Aqui deixo algumas sugestões, alguns pontos comuns e sonhos que deverão estar presentes na condução e vivência de cada dinâmica.

1. *O coração do livro são dinâmicas vivenciais.* Elas são carregadas de mística, possuidoras de um dinamismo alegre, participativo e responsável. Admitem diversas adaptações: às realidades culturais, sociais, religiosas, às demandas e necessidades dos participantes de um grupo, à maturidade destes, aos frutos que desejam alcançar com cada vivência...

2. *A boa coordenação das dinâmicas é fundamental.* Este livro usa a denominação "equipe de coordenação" para designar aquela equipe ou pessoa que facilita a vivência de uma dinâmica. Ela coordena os passos a serem vividos e assessora a caminhada de um grupo. O ideal é que a equipe de coordenação saiba trabalhar como tal: sentar junto, pensar nas demandas e necessidades dos participantes, estudar e preparar bem cada dinâmica, encontrar formas de adaptá-las, escolher o lugar apropriado, providenciar os símbolos e materiais necessários, dividir tarefas e responsabilidades... Portanto, essa equipe tem uma função importante tanto na preparação, nos encaminhamentos, na coordenação dos passos quanto na

· 17 ·

interpretação e avaliação da vivência junto aos grupos. O bom coordenador é aquele que:

- Sabe conciliar ternura e seriedade, escuta e provocação, bom humor e desafio...
- Tem postura e consciência de que a *interpretação de cada dinâmica faz parte da mesma.*
- *Sabe escutar* o que os participantes querem dizer e não apenas o que ele deseja ouvir...
- Sabe deixar um *gostinho de quero mais.* É fundamental não levar os participantes à exaustão em dinâmicas. Esse procedimento deixará o grupo motivado para trabalhos posteriores.
- Sabe discernir sobre o tempo de cada dinâmica. O livro aponta uma duração, mas não a delimita precisamente, pois isso dependerá da caminhada e maturidade de cada grupo, do tempo disponível para a vivência das dinâmicas e, sobretudo, dos frutos almejados.

3. *A lógica de cada dinâmica.* Todas obedecem à seguinte estrutura ou lógica: título, objetivos, intenções, participantes, material proposto e desenvolvimento.

4. *Os quatro momentos de uma dinâmica.* A equipe de coordenação deverá estar atenta aos quatro possíveis momentos para quem trabalha com dinâmicas:

Primeiro: *acolhida e encaminhamento.* Uma dinâmica começa com uma boa preparação. Definição de: local, disposição da sala, uso de símbolos, música de fundo, material necessário.... Essa acolhida é fundamental para criar um clima de bem-estar e confiança.

Segundo: *motivação e vivência.* A motivação é importante e poderá acontecer de várias formas: provocações, perguntas, leitura de pequenos textos... A equipe de coordenação deverá chamar os participantes para a vivência da dinâmica, permitindo que façam a experiência de seus diferentes momentos.

Terceiro: *interpretação e continuidade*. Esse momento é tão importante quanto os dois anteriores. A equipe de coordenação tem a missão de levar os participantes a uma interpretação daquilo que viveram durante a dinâmica:

- Buscar um jeito criativo de retomar a vivência.
- Não se antepor à interpretação dos participantes.
- Buscar, com um jeito provocativo, a participação do maior número possível de participantes.
- Saber escutar e fazer, somente no final, algumas ponderações em termos de aprofundamento ou acenando aspectos que não foram tocados na interpretação.
- Ajudar a ponderar a continuidade das reflexões.

Quarto: *avaliação*. Caberá à equipe de coordenação preparar e motivar os participantes para uma avaliação, pois *quem revê, vê melhor*. A avaliação poderá ser, entre outras, sobre:

- A importância e atualidade da dinâmica.
- O modo como todos fizeram o encontro.
- Os frutos alcançados na vivência e na interpretação.
- Os pontos positivos, pontos a crescer e sugestões.

5. *O número de participantes pode ajudar ou limitar a dinâmica*. Para a boa vivência de uma dinâmica o ideal é que não seja um grupo muito grande. Dessa forma, o aprofundamento poderá ser mais personalizado e qualificado e haverá possibilidade de maior participação. É possível, também, oportunizar a vivência das dinâmicas a um grupo grande. Essa opção exigirá adaptações dos passos sugeridos, além de uma melhor preparação por parte da equipe de coordenação. Nas dinâmicas deste livro é indicado, como sugestão, um número aproximado de participantes.

· Dinâmicas pedagógicas:
Técnicas e textos para o crescimento pessoal e coletivo ·

6. *O uso de símbolos é recomendável*. Em algumas dinâmicas deste livro recomenda-se o uso de símbolos. Esse procedimento é recomendável na vivência de todas elas. Cabe à equipe de coordenação escolher os símbolos que melhor correspondam a cada dinâmica, tendo em conta as sensibilidades dos participantes, a dimensão cultural da região e os objetivos a alcançar com a dinâmica.

7. *Apêndices*. No final do livro estão vinte textos significativos que abordam direta e indiretamente as questões refletidas nas dinâmicas. Tanto estes apêndices como o texto ao final de cada dinâmica podem ser usados antes, durante ou depois da vivência de cada dinâmica.

> "Preferir a derrota prévia à dúvida da vitória
> é desperdiçar a oportunidade de merecer.
> Para os erros, há perdão; para os fracassos, chance;
> para os amores impossíveis, tempo."
>
> (Luiz F. Veríssimo)

Capítulo 1

Dinâmica da Vez

OBJETIVOS

1. Favorecer momentos de reflexão, trabalho em grupos.
2. Fazer uso da imaginação, criatividade, comunicação.
3. Aprender com os outros, ler nosso tempo, interpretar valores e atitudes de vida com base em frases propostas.

INTENÇÕES

Essa dinâmica quer ser um espaço que provoque reflexões importantes na vida de muita gente. O mundo de hoje precisa de "heróis solidários" e não de "heróis solitários". Daí a ênfase do trabalho em equipe para provocar a beleza do outro como companheiro, amigo, alguém importante – como eu – na busca dos sinais de vida para muitos. Em síntese, esta dinâmica quer provocar a vivência de um momento significativo na vida de várias pessoas.

PARTICIPANTES

Até 35.

MATERIAIS PROPOSTOS

1. Material para escrever.
2. Filipetas com cinco frases conforme sugerido adiante.
3. Símbolos sugestivos escolhidos pela equipe de coordenação.

· Dinâmicas pedagógicas:
Técnicas e textos para o crescimento pessoal e coletivo ·

DESENVOLVIMENTO

Primeiro passo: Encaminhar

1. Após a acolhida, formam-se grupos com até cinco pessoas.
2. A equipe de coordenação entrega a cada grupo uma relação de cinco frases sugeridas com base no texto "Como você interpreta?", por exemplo.
3. Delimitar o tempo para o trabalho em grupos: 30 minutos.
4. O trabalho, nos grupos, consiste na:
   - Apresentação rápida dos participantes, caso ainda não se conheçam.
   - Escolha de alguém que coordene o trabalho e de alguém que anote as principais reflexões.
   - Leitura das cinco frases recebidas. Reflexão sobre cada uma tendo em conta:
     - O que cada frase afirma? O que ela não afirma?
     - Quais valores, atitudes e sabedorias estão em jogo?
     - Qual a relação destas frases com a vida cotidiana?

   - Criação de algo a partir das frases e reflexões feitas. Poderá ser uma música, jogral, jornal falado, paródia, dança, coreografia, peça teatral ou outra forma. O resultado será apresentado aos demais grupos.
   - Colocação das cinco frases recebidas na ordem de importância que elas têm na vida dos participantes de cada grupo. Os critérios para essa escolha deverão ser escolhidos pelo próprio grupo.

Segundo passo: Vivência em pequenos grupos e plenário

1. Após a reflexão nos pequenos grupos, que poderá passar os 30 minutos, acontecerá o plenário.
2. Dar-se-á o tempo necessário para que cada grupo apresente o resultado das suas reflexões.
3. A equipe de coordenação pensará num jeito dinâmico para essas apresentações, evitando que se tornem algo cansativo e monótono.

Terceiro passo: E agora?

1. Terminar bem o encontro. Seguem algumas sugestões:

- Avaliar o que foi vivenciado – individual e grupalmente. Como foi a experiência desta dinâmica: o que foi bom, difícil e qual sua relação com a vida cotidiana?
- Outra forma de avaliação poderia ser a partir dos pontos positivos (que bom!), pontos que poderiam ser melhores (que pena!), e sugestões (que tal?).
- Outra forma de concluir é perguntar e provocar uma partilha sobre o que os participantes levam para a sua vida, da vivência da dinâmica. Ou convidar os participantes para que socializem a frase com a qual mais se identificaram nesta dinâmica. Ou, ainda, que socializem a frase que levam como desafio para sua vida.

2. Sugestão de apêndices: B, D, L, M, O, R e T.

COMO VOCÊ INTERPRETA?

1. "Quando os elefantes brigam é a grama que mais sofre." (Adágio africano)
2. "Quando o dinheiro fala, a verdade ouve em silêncio." (Sabedoria popular)
3. "Quando chove na montanha, é o vale que fica inundado." (Provérbio africano)
4. "O mendigo não tem nada, o pobre tem muito pouco, o rico tem bastante, mas ninguém tem o suficiente." (Adágio americano)
5. "O hábito de economizar é difícil de adquirir e impossível de abandonar." (Sabedoria popular)
6. "A sorte é para alguns, mas a morte é para todos." (Sabedoria popular)
7. "Um livro fechado é uma pilha de papel." (Provérbio chinês)
8. "Nunca diga 'não' por orgulho nem 'sim' por fraqueza." (Sabedoria popular)

· Dinâmicas pedagógicas:
Técnicas e textos para o crescimento pessoal e coletivo ·

9. "Nós somos o que amamos." (Rubem Alves)

10. "Corte o pano conforme a roupa." (Provérbio chinês)

11. "Até filhos de uma mesma mãe são diferentes." (Adágio coreano)

12. "Por mais que a formiga trabalhe, não consegue fazer mel." (Provérbio inglês)

13. "Nem todos os caminhos são para todos os caminhantes." (Goethe)

14. "Quanto maior o rio, mais perto de desaparecer no mar." (Sabedoria popular)

15. "Todo dia a gente toma um golinho de velhice." (Guimarães Rosa)

16. "Não ria do velho, reze para chegar lá." (Ditado chinês)

17. "O homem se engana: reza para ter vida longa e teme a velhice." (Provérbio chinês)

18. "Toda saudade tem um pouco de velhice". (Guimarães Rosa)

19. "Envelhecer é trocar os sonhos pela saudade." (Sabedoria popular)

20. "Do nascimento aos 18 anos uma garota precisa de bons pais; dos 18 aos 35, de boa aparência; dos 35 aos 55, de uma boa personalidade; e dos 55 em diante, de dinheiro." (Sophie Tucker)

21. "Toda mudança é um descanso." (Adágio inglês)

22. "Quando eu era jovem ninguém tinha respeito pela juventude e quando envelheci ninguém respeitava a velhice." (Bertrand Russel)

23. "Quanto mais eu envelheço e caminho para o além, cada vez menos me importa saber quem dorme com quem." (Dorothy Sayers)

24. "Ensine as crianças e honre os velhos". (Adágio sueco)

25. "O ideal é reconhecer a sabedoria dos velhos e cuidar das crianças, valorizando tanto o passado como o futuro." (Sabedoria oriental)

26. "Concentre-se no que está buscando, não no que está deixando para trás." (Alan Cohen)

27. "Se você não tiver controle sobre sua vida, não se queixe quando os outros tiverem." (Beth Mende Conny)

28. "Não espere por circunstâncias ideais; elas nunca chegam." (Janet Erskine Stuart)

Somos muito mais

Somos o que sabemos e o que queremos aprender.
Somos o que fomos e o que sonhamos.

Somos o que buscamos e o que ultrapassamos.
Somos o que sensibilizamos e o que desafiamos.

Somos o que imaginamos e o que criamos.
Somos o que silenciamos e o que testemunhamos.

Somos o que contemplamos e o que compartilhamos.
Somos o que fazemos e o que interagimos.

Somos o que evitamos e o que escolhemos.
Somos o que choramos e o que sorrimos.

Somos o que sofremos e o que amamos.
Somos o que compreendemos e o que desejamos.

Somos o que recebemos e o que conquistamos.
Somos o que somamos e o que multiplicamos.

Somos o que abraçamos e o que dividimos.
Somos o que acreditamos e o que construímos.

Somos o que internalizamos e o que escrevemos.
Somos o que desenhamos e o que não sabemos.

Somos o que dignificamos e
somos o que diariamente eternizamos.

Capítulo 2

Dinâmica do Novo Olhar

OBJETIVOS

1. Trabalhar a sensibilidade, aprender a contemplar e provocar interpretações.
2. Cultivar atitudes de escuta: da vida, dos acontecimentos, de situações, de olhares... do silêncio.

INTENÇÕES

Levar os participantes a uma vivência de atitudes importantes do nosso tempo: não basta entender, é preciso compreender; não basta ver, é preciso contemplar; não basta ouvir, é preciso escutar; não basta fazer, é preciso ser; não basta sentir, é preciso se comprometer. A pessoa, o pedagogo, o líder, o cidadão do nosso século não sobreviverá sem uma mística libertadora capaz de dar sentido a tudo o que faz.

A Dinâmica do Novo Olhar poderá refletir diversos aspectos da vida dos participantes ou da realidade que os envolve. Caberá à equipe de coordenação precisar um horizonte ou um tema sobre o qual se deseja refletir. Por exemplo, pedir que recortem manchetes que digam respeito à realidade das crianças, dos jovens, dos idosos, ou sobre a realidade social do país ou os grandes sonhos da humanidade, ou mesmo a situação da educação, do desemprego, da violência, da marginalidade, do meio ambiente, da educação, da exclusão social, da cultura... Essa precisão da temática é importante para facilitar o desenvolvimento da dinâmica.

PARTICIPANTES

Não existe limite.

MATERIAIS PROPOSTOS

1. Jornais, fotos, gravuras, revistas...
2. Símbolos correspondentes ao tema escolhido...
3. Músicas de acordo com a temática do encontro.

DESENVOLVIMENTO

Primeiro passo: Preparação prévia

1. A equipe de coordenação providenciará fotos, gravuras, revistas e jornais que serão colocados no centro da sala.
2. Todos os participantes ficarão sentados numa roda. Se o grupo for muito grande, pode-se fazer duas rodas: uma dentro da outra, ambas voltadas para o centro.
3. Haverá uma motivação para a participação alegre, generosa e responsável de todos ao longo da dinâmica.

Segundo passo: Deixar a vida falar

1. Os participantes serão convidados a usar o material escolhendo uma foto ou gravura, recortando uma manchete dos jornais ou das revistas, escolhendo entre estes um símbolo relacionado ao tema previamente selecionado pela equipe de coordenação.
2. Haverá um momento de silêncio para reflexão sobre a escolha do objeto, da manchete...
3. Colocar-se-á uma música que ajude a mergulhar na temática escolhida.
4. Após um sinal – pequena salva de palmas, por exemplo – todos passarão a foto, manchete ou gravura para o vizinho do lado direito. Assim, cada um refletirá sobre o que o vizinho lhe passou.
5. Deixa-se um minuto para contemplar, pensar, escutar, deixar ressoar dentro do coração o que está nas mãos. Durante esse tempo a reflexão poderá acontecer em silêncio, ao som de uma música instrumental ou com a leitura de algum texto sugestivo.

Canísio Mayer

6. Depois desse tempo, todos passam a foto ou gravura para o vizinho do lado direito.... Contemplam-na e refletem. E assim sucessivamente: até a foto ou gravura voltar ao seu dono ou até onde a equipe de coordenação julgar importante.

Terceiro passo: Partilhar

1. Fotos, manchetes ou objetos serão colocados, novamente, no centro da sala.
2. Acontecerá um momento de partilha, quando cada um poderá:
   - Apontar a foto, ou manchete, ou objeto que mais ressonância teve, que mais chocou, mais questionou, mais chamou atenção...
   - Lembrar da música que foi significativa ao longo da vivência da dinâmica.
   - Recordar o que vivenciaram durante o passar das fotos, manchetes e dos objetos: quais foram os sentimentos mais fortes?
   - Quais pessoas estiveram vivas na memória durante a dinâmica?
   - Quais fotos, manchetes, objetos que não tocaram seu coração? Por que será?
3. Perguntar aos participantes e desafiá-los a perceber a relação dessa dinâmica com a vida cotidiana.
4. Elaborar outras questões para enriquecer esse momento da partilha.

Quarto passo: Momento místico

1. A equipe coordenadora convidará cada participante a escolher uma foto, manchete, um objeto a partir do qual gostaria de fazer uma prece, uma reflexão. Com uma música sugestiva, deixa-se que os participantes escolham.
2. Numa roda aconchegante – de preferência abraçados – os participantes poderão fazer sua prece, reflexão e considerações finais, apresentando aos demais sua escolha.

· Dinâmicas pedagógicas:
Técnicas e textos para o crescimento pessoal e coletivo ·

3. Terminar bem o encontro convidando os participantes a partilhar o que levam, a partir da vivência desta dinâmica, para suas vidas cotidianas.
4. Sugestão de apêndices: C, D, F, I, J, O e Q.

Trabalho e sorte

Não é acaso, é dedicação.
Não é medo, é superação.
Não é teoria, é ação.

Não é espera, é acontecimento.
Não é classe, é conhecimento.
Não é sentimento, é comprometimento.

Não é sorte, é trabalho.
Não é pessimismo, é atitude.
Não é formalidade, é elegância.

Não é inocência, é consciência.
Não é experiência, é vivência.
Não é jeitinho, é transparência.

Não é superioridade, é sensibilidade.
Não é idade, é felicidade.
Não é comodidade, é seriedade.

Não é faz de conta, é capacidade.
Não é inferioridade, é humildade.
Não é ingenuidade, é responsabilidade.

Não é fé, é adesão.
Não é percepção, é coração.
Não é imaginação, é decisão.

Não é favor, é cor.
Não é sabor, é valor.
Não é palavra, é flor.

Não é opinião, é convicção.
Não é olhar, é atenção.
Não é sedução, é paixão.

Sim, é busca e é encontro e é essência na aparência.
É liberdade e é responsabilidade.
É trabalho e é sorte.

Capítulo 3

Dinâmica das Etiquetas

OBJETIVOS

1. Criar um clima de entrosamento, bem-estar, confiança.
2. Refletir sobre os diferentes tipos de sentimentos que experimentamos no dia a dia.

INTENÇÕES

Auto-observação dos próprios sentimentos e da maneira com que são expressos. Com a observação do outro nesta dinâmica, é possível explorar aspectos ligados às relações humanas e sentimentos presentes no dia a dia.

PARTICIPANTES

Não existe limite.

MATERIAIS PROPOSTOS

1. Etiquetas ou crachás com as indicações no término da dinâmica e/ou outras informações.
2. Aparelho de som e músicas sugestivas para o momento.

DESENVOLVIMENTO

Primeiro passo: "Quebrar o gelo"

1. Após a acolhida, cada participante escolhe alguém do grupo para "quebrar o gelo", isto é, criar um clima de bem-estar.
2. Durante dez minutos, fazer:

- Uma apresentação recíproca: Quem são? O que fazem? Algo sobre família, dificuldades, sonhos, desafios que enfrentam na vida...
- Uma reflexão sobre as pessoas que fazem parte da vida e que deixaram marcas significativas. Lembrar nomes, fatos, experiências, acontecimentos...
- Para ajudar a sintetizar a conversa que cada dupla realizou, escolha: uma frase, um símbolo, um bicho.

3. Acontece uma socialização das frases, símbolos e bichos escolhidos pelas duplas.
4. A equipe de coordenação poderá retomar algumas partilhas feitas pelas duplas e reforçar algumas reflexões trazidas por elas.

Segundo passo: Ler, criar e imitar

1. Cada participante recebe uma etiqueta ou crachá com uma das indicações presentes no término da dinâmica e/ ou outras informações.
2. Essas etiquetas ou crachás serão colados nas costas dos participantes.
3. O modo de fazer acontecer a dinâmica pode variar:
   - Possibilidade movimentação geral. Após um sinal, todos se movimentarão pela sala ao mesmo tempo e, ao lerem o que está escrito na etiqueta, farão os movimentos indicados. Isso se prolongará até todos terem imitado e terem sido imitados.
   - Possibilidade duplas diferentes. A equipe de coordenação dá um sinal. Formam-se duplas. Lê-se o que está escrito, imita-se. Em seguida, será dado outro sinal e todos mudam de dupla e imitam o que está indicado na etiqueta. E assim sucessivamente.
   - Possibilidade dois grupos. Um grupo menor – com as etiquetas nas costas – fica no centro da sala. Os demais participantes – sem etiquetas – ficam em volta do grupo que está no centro e imitam o que está sugerido nas etiquetas.

Canísio Mayer

4. Vale lembrar que o sentido desses movimentos e possibilidades é:
   - Descobrir o que está escrito na etiqueta.
   - Usar a criatividade na arte de imitar.
   - Estar atento ao tipo de sentimento que experimenta tanto quem imita como quem é imitado.
   - Relacionar com a vida diária.

Terceiro passo: Retomar, interpretar e aprender

1. Após a vivência do passo anterior, favorecer um momento de interpretação e partilha em pequenos grupos:
   - O que chamou atenção nesta dinâmica?
   - Quais foram os sentimentos vividos?
   - Quais foram as maiores facilidades e dificuldades?
   - Qual a relação da dinâmica com a vida diária?

2. Delimitar em torno de 15 minutos para o trabalho em grupos.
3. Alguém de cada grupo anota os pontos principais para o passo seguinte.

Quarto passo: Socializar, debater e continuar

1. Cada grupo terá em torno de dois minutos para apresentar o resultado dos trabalhos feitos nos grupos.
2. Proporcionar um momento de debate, aprofundamento em plenário.

Quinto passo: Avaliar, levar e ser

1. Proporcionar um momento de avaliação da dinâmica e da participação de todos nesta vivência.
2. Refletir e anotar dois pontos que cada participante deseja cultivar mais daqui para frente.
3. A expressão desses dois pontos poderá ser inspirada por uma música em que todos – no centro da sala – utilizam de expressão corporal para exteriorizá-los criativamente.

· Dinâmicas pedagógicas:
Técnicas e textos para o crescimento pessoal e coletivo ·

4. Se alguém quiser falar, após a expressão corporal, pode-se deixar um momento para isso.
5. Terminar a dinâmica com um poema, música, texto, provocação em forma de desafio...
6. Sugestão de apêndices: B, C, H, N, O, P e R.

INDICAÇÕES

1. Olhe as unhas da minha mão direita.
2. Fuja de mim.
3. Imite-me em todos os meus movimentos.
4. Faça cócegas nos meus pés.
5. Dê meia-volta e vá embora.
6. Dê três piscadelas.
7. Dê uma volta ao meu redor.
8. Pule como se estivesse num formigueiro.
9. Tente me paquerar.
10. Fique do meu lado, abraçado.
11. Olhe minha mão esquerda.
12. Dê-me um abraço carinhoso.
13. Arrume meu cabelo.
14. Mexa no meu pé esquerdo.
15. Olhe bem nos meus olhos.
16. Procure e olhe bem meu relógio.
17. Faça um sinal da cruz na minha testa.
18. Faça-me olhar para cima.
19. Faça cócegas na minha nuca.
20. Toque no meu cotovelo do braço direito.
21. Levante minhas mãos.
22. Olhe as minhas costas.
23. Dance uma valsa comigo.
24. Diga no meu ouvido o que mais gosta de comer.
25. Imite os movimentos de um(a) dançarino(a).
26. Olhe as unhas da minha mão esquerda.
27. Dê um aperto de mão.
28. Faça-me olhar para alguém do grupo.
29. Dê três pulinhos.
30. Faça uma careta.

31. Imite um macaco.
32. Olhe duas vezes para cima e para baixo.
33. Dê três tapinhas nas minhas costas.
34. Tente me erguer do chão.
35. Dê um belo sorriso.
36. Imite um sapo pulando.
37. Imite um jogador de futebol comemorando um gol.
38. Faça-me andar três passos para frente e dois para trás.
39. Pise lentamente no meu pé esquerdo.
40. Imite uma pessoa atrasada.
41. Imite alguém lendo jornal.
42. Conte até cinco, em silêncio.
43. Acaricie minha mão direita.
44. Dê um pulo de susto.
45. Olhe alternadamente para as suas e as minhas mãos.

Conhec(ser)er

Conheço pessoas que olham e veem,
que se aproximam e chegam.

Amo pessoas que ouvem e escutam,
que acreditam e confiam.

Curto pessoas que sintonizam e participam,
que solidarizam e aprendem.

Conheço pessoas que existem e vivem,
que diferenciam e são humildes.

Amo pessoas que entendem e compreendem,
que têm valores e atitudes.

Curto pessoas que não falam e comunicam,
que escutam e acendem velas.

Conheço pessoas ausentes e presentes,
que deixam marcas e persistem.

Amo pessoas que se preocupam e aparecem,
que surpreendem e se interessam.

Curto pessoas que persistem e acontecem,
que perdoam e amadurecem.

Conheço pessoas que pensam e decidem.
Amo pessoas que sentem e escolhem.
Curto pessoas que priorizam e intensificam.

Conheço pessoas que amam e curtem.
Amo pessoas que curtem e conhecem.
Curto pessoas sábias e que amam.

Capítulo 4

Dinâmica do Retrato

OBJETIVOS

1. Possibilitar avaliação individual e grupal.
2. Desenvolver a capacidade de escuta, de diálogo, de participação, ponderação, renúncia... decisão.
3. Trabalho em equipe, elaboração de um projeto de vida, uso da criatividade.
4. Tomar consciência de fatores – positivos e negativos – que atuam na dinâmica de um grupo.

INTENÇÕES

São muitas as formas de se avaliar um grupo. Aqui partimos de palavras carregadas de sentido na vida de um grupo. São palavras geradoras de vida e passam pela reflexão individual e grupal. O objetivo é escolher as dez mais importantes na dinâmica de um grupo.

Não basta viver, é preciso ter razões para viver. Não basta conviver, é preciso entender as motivações que regem as pessoas e os grupos. Como disse Khalil Gibran: "uma vida sem amor é como árvores sem flores e sem frutos. E um amor sem beleza é como flores sem perfume. Vida, amor, beleza: eis minha trindade".

O retrato sugerido nesta dinâmica está voltado muito mais para o coração do grupo. Trata-se de um raio-X feito daquilo que move o grupo. É uma dinâmica com forte teor de partilha, participação e decisão. É um ótimo exercício de escuta, aprendizado e discernimento responsável.

· Dinâmicas pedagógicas:
Técnicas e textos para o crescimento pessoal e coletivo ·

PARTICIPANTES

Grupos pequenos ou médios.

MATERIAIS PROPOSTOS

1. Aparelho de som, músicas...
2. Material para escrever: canetas, pincéis atômicos...
3. Lousa, cartolina...

DESENVOLVIMENTO

Primeiro passo: Reflexão individual

1. Após a acolhida, a equipe de coordenação encaminha os trabalhos explicando os passos que serão vividos e que exigirão a participação de todos.
2. Orientar que todos terão em torno de dez minutos para fazer um levantamento de realidades presentes no dia a dia do grupo. Podem ser realidades positivas ou negativas. O importante é que retratem algo do grupo.
3. Em seguida, faz-se um levantamento de tudo o que os participantes pensaram. Todas as realidades deverão ser anotadas em uma cartolina ou em uma lousa...
4. A equipe de coordenação poderá sugerir outras realidades que não foram citadas e que fazem parte da dinâmica de um grupo, como:

• Criatividade	• Harmonia
• Expectativas	• Motivação
• Determinação	• Amizade
• Aprendizado	• Superação
• Superação	• Trabalho em equipe
• Persistência	• Comunicação
• Liderança	• Confiança
• Paciência	• Compreensão
• Desânimo	• Autonomia
• Colaboração	• Liberdade
• Respeito mútuo	• Alegria de conviver
• Fofocas	• Dúvidas
• Disputa de poder	• Medos

Canísio Mayer

- União
- Diálogo
- Transparência
- Ajuda mútua

- Bem-querer
- Escuta
- Justiça
- Perdão

5. Os participantes anotarão todas as realidades sugeridas.
6. Em seguida, terão 15 minutos para uma tríplice tarefa:
   - Escolher as 20 realidades mais importantes para o bom andamento do grupo.
   - Organizar estas realidades em escala de importância decrescente.
   - Destacar duas realidades sobre as quais gostaria de refletir para entender melhor seu sentido na vida de um grupo.

Segundo passo: Reflexão em grupos

1. Os participantes serão divididos em grupos de cinco.
2. Terão 20 minutos para uma tríplice tarefa:
   - Partilhar as 20 realidades escolhidas, na escala de importância dada, e as duas realidades que gostaria de entender melhor. Além de falar, é preciso justificar, argumentar, defender a escala de importância adotada...
   - Escolher, dentre as 20, 10 realidades mais importantes para a vida do grupo. Essa decisão não será por votação, mas por argumentações consistentes e responsáveis. Todos os participantes do grupo decidirão.
   - Colocar as dez realidades em ordem de importância: primeira, segunda, terceira... décima.

3. A equipe de coordenação poderá estender o tempo caso seja necessário. Deverá estar atenta para que aconteça, de fato, um trabalho em equipe: participação de todos, argumentação, posturas de defesa e renúncia, liberdade de decisão...
4. Será pedido que alguém do grupo anote:
   - As dez realidades escolhidas, com a devida escala de importância.
   - As duas realidades que cada participante escolheu para aprofundamento e sentido na vida de um grupo.

· Dinâmicas pedagógicas:
Técnicas e textos para o crescimento pessoal e coletivo ·

Terceiro passo: Decisão grupal

1. Os grupos se encontram, em plenário, para partilhar:
   - O trabalho feito nos grupos: alegrias, dificuldades, aprendizados...
   - As realidades que gostariam de aprofundar mais.
   - As dez realidades escolhidas, escala de importância, as razões dessa escolha.
2. As dez realidades de cada grupo serão anotadas para que sejam visíveis para todos.
3. Em seguida acontecerá uma reflexão no grupo maior, isto é, de agora em diante quem vai escolher as dez realidades mais importantes serão todos os participantes, em plenário. Essa escolha deverá acontecer, novamente, com argumentos consistentes, participação do maior número possível e decisão coletiva.
4. Além da escolha, deverão colocar as dez realidades em ordem de importância.

Quarto passo: Sonhar, projetar, amarrar...

1. Com as dez realidades mais importantes escolhidas em plenário, os grupos voltam a se encontrar.
2. Terão em torno de 25 minutos para:
   - Pensar sobre a força das dez realidades escolhidas pelo grupo.
   - Elaborar um projeto de vida criando dez frases sugestivas e orientadoras nas quais estejam contempladas algumas ou todas as dez realidades escolhidas pelo grupo.
   - Buscar um jeito criativo de apresentar o resultado final em plenário.

3. Além disso, todos os grupos receberão dez filipetas de papel sobre as quais escreverão realidades que atrapalham, prejudicam e são nocivas à vida do grupo. Por exemplo: fofocas, luta pelo poder, desconfiança... Podem ser realidades que atrapalham ou que deverão ser evitadas dentro do novo projeto de vida que está sendo elaborado nos grupos.

Quinto passo: Partilhar, aprender, visualizar...

1. Proporcionar um momento de partilha sobre as dez frases criadas.
2. Encontrar um jeito criativo de visualizar essas dez realidades em um mural, com as frases mais sugestivas...
3. Queimar ou encontrar um outro jeito simbólico de eliminar as filipetas em que constam as palavras nocivas ao grupo.

Sexto passo: Escutar, terminar, continuar...

1. Proporcionar um momento de avaliação:
   - Da dinâmica propriamente dita: importância, objetivos, atualidade...
   - Da participação de todos na vivência da dinâmica.
   - Da continuidade das reflexões.

2. Partilhar em forma de uma palavra, ou um sentimento, ou um símbolo o que cada participante sentiu, viveu e leva para sua vida.
3. Terminar com um poema, uma música, um texto sugestivo...
4. Sugestão de apêndices: B, F, H, K, M, N e Q.

A mística na contemplação

Contemplar é deixar-se encontrar
e encontrar-se na beleza desses encontros.

Contemplar é escutar o invisível
e ver nele o que é possível compreender.

Contemplar é mergulhar no mistério
e descobrir nele o que é se surpreender.

Contemplar é olhar para a realidade
e escutar dela o que devemos fazer.

Contemplar é ver com os olhos da imaginação
e pintar um lindo quadro com o colorido das emoções.

Contemplar é fechar os olhos e fazer-se presente
e abri-los suavemente e saber-se presente.

Contemplar é olhar para o nada e sentir tudo
e abrir lentamente as mãos em um gesto de profunda gratidão.

Contemplar é equilibrar-se entre a eternidade e a humanidade
e sentir intensamente o que é viver na felicidade.

Contemplar é abstrair do tempo e do espaço
e perceber que está nascendo um novo momento.

ContemplAR é respirAR um novo AR,
é reinventAR a ARte de amAR.

Capítulo 5

Dinâmica do Celular

OBJETIVOS

1. Escolher e desejar um momento de parada na vida.
2. Refletir sobre aspectos importantes do viver.
3. Animar e significar a vida a partir da figura de um telefone celular.

INTENÇÕES

Como é importante deixar a vida falar! É preciso escutá-la, fazer--se presente, tomá-la nas mãos, torná-la nossa e fazer dela o que ela sempre desejou ser: viva.

Aqui usamos a imagem de um telefone celular – apenas como referencial – para mergulhar em alguns aspectos que são importantes na vida cotidiana.

PARTICIPANTES

Não existe limite. Mas quanto menor o número de participantes, maior poderá ser a qualidade do encontro.

MATERIAL PROPOSTO

Prover a cada participante material para escrever.

DESENVOLVIMENTO

Primeiro passo: Encaminhar

1. Motivar os participantes para o que acontecerá durante a dinâmica.

· Dinâmicas pedagógicas:
Técnicas e textos para o crescimento pessoal e coletivo ·

2. Encaminhar a reflexão individual, disponibilizar a cada participante material para que anote os pontos principais de sua reflexão.

PARA A REFLEXÃO INDIVIDUAL
Seguem algumas sugestões que poderão ser enriquecidas.

1. Sinal: escolher o tipo de som que você gostaria de ouvir cada vez que seu celular tocasse:
   - Um ruído de um animal? De qual? Por que você gosta desse sinal?
   - Uma música? De qual cantor? Por que você gosta desta música?
   - Que outro tipo de som você gostaria de ter em seu celular?
   - Aqui o som é importante desde que tenha relação com a vida e a história dos participantes do encontro. Será importante, também, alertá-los para que anotem a reflexão que estão fazendo.

2. Registro: quais são as cinco pessoas mais importantes de quem você tem o telefone registrado? Anote os nomes.
   - Por que estas cinco pessoas são importantes para você?
   - O que você mais admira em cada uma delas?
   - O que cada pessoa ensinou ou ensina para você?

3. Enviar: que mensagem você gostaria de mandar para:
   - O seu melhor amigo?
   - O amor de sua vida?
   - O seu pai ou sua mãe?
   - Alguém que você já fez sofrer?
   - Alguém que já provocou sofrimento em sua vida?
   - Aos educadores, estudantes, jornalistas, atores, mulheres marginalizadas, meninos(as) de rua, políticos, lideranças comunitárias, desempregados(as)...?
     - Criar outras situações conforme a realidade dos participantes.

4. Receber: que mensagem você gostaria de ver:
   - De seu melhor amigo?

Canísio Mayer

- De seu/sua namorado(a)?
- De seu pai?
- De sua mãe?
- De seus avós?
- De uma personalidade importante da região onde você mora?
- De um amigo que mora distante de sua casa?
- De uma pessoa de quem você sente saudades?
- Criar outras situações conforme a realidade dos participantes.

5. Outros recursos: e se você pudesse tirar fotos com o celular:
   - Quais fotos gostaria de tirar?
   - Para quem as mostraria?
   - Pensar em outros recursos que o celular tem e aplicá--los ao tema do encontro.

6. Se você pudesse telefonar para:
   - Alguém chamado Passado:
     - Que mensagens ou lições de vida o passado lhe deixou?
     - O que você diria a ele?
     - E o que você gostaria de ouvir do seu passado?

   - Alguém chamado Futuro:
     - Quais expectativas o futuro lhe aponta?
     - O que você diria a ele?
     - O que você gostaria de ouvir do seu futuro?

   - Alguém chamado Presente:
     - O que você gostaria de dizer a ele?
     - Quais são os três sentimentos que sobressaem no momento atual do seu viver?
     - E o que você gostaria de ouvir do seu presente?

   - Alguém chamado Você Mesmo:
     - O que você gostaria de lhe dizer?
     - Quais são as três atitudes que mais deveria cultivar?
     - Quais cuidados ter em relação à saúde, à sua formação e às relações com outras pessoas?

· Dinâmicas pedagógicas:
Técnicas e textos para o crescimento pessoal e coletivo ·

Segundo passo: Partilhar

1. Após a reflexão individual, pode-se favorecer um momento de partilha em pequenos ou grandes grupos, de acordo com o número de participantes.
2. A partilha poderá ser livre, isto é, deixando que cada um socialize:
   - O que considerou importante na reflexão individual.
   - Sobre algum dos momentos propostos.
   - Sobre a relação da dinâmica com a vida.
   - Sobre outras considerações.
3. Sugestão de apêndices: C, F, J, K, O, S e T.

Conectados

O que move os teus desejos é
o que alimenta a minha esperança.

O que fortalece a tua persistência é
o que encoraja a minha missão.

O que transborda no teu amor é
o que alimenta minha sede de paz.

O que a tua liberdade deseja ao me compreender é
o que sinto ao me transcender.

O que te motiva a ser diferente e único é
o que me faz ser único e diferente.

O que te sacia matando a sede na fonte é
o que me alimenta na tarefa contínua de ser ponte.

O que te fortalece a diferenciar e a persistir é
o que me contagia a nunca desistir.

O que pinta o horizonte dos teus ideais é
da mesma tinta que dá cor aos meus objetivos.

O que expressa a confiança do teu abraço é
o que aquece a beleza de ser gente.

O que brilha nas pupilas dos teus olhos é
o mesmo sopro de vida que inunda o meu coração.

Capítulo 6

Dinâmica do Computador

OBJETIVOS

1. Proporcionar um momento de revisão da vida.
2. Capacitar trabalhos em grupos.
3. Favorecer diferentes maneiras de exercitar a criatividade.

INTENÇÕES

> O problema não é que os computadores passem a pensar como a gente, mas que a gente passe a pensar como eles.
>
> (Erich Fromm)

A Dinâmica do Computador tem uma conotação de revisão de vida, o que significa olhar para o todo da vida: pontos positivos, aspectos que podem ser revistos, encaminhamentos a curto, médio e longo prazo.... Usamos a figura do computador, sobretudo de alguns de seus aspectos, para entrar num nível mais existencial e profundo de retomada de uma caminhada. Não se trata de um curso de computação, mas de uma dinâmica que usa os recursos de um computador para mergulhar em outras dimensões da vida.

O ideal seria que todos os participantes tivessem o mínimo de conhecimento de computador. Caso não tenham, será necessária uma explicação prévia sobre alguns aspectos que constituem essa máquina. Aqui é seguido um roteiro bastante elementar. Ele poderá ser enriquecido com a criatividade da equipe de coordenação.

PARTICIPANTES

Não existe limite.

· Dinâmicas pedagógicas:
Técnicas e textos para o crescimento pessoal e coletivo ·

MATERIAL PROPOSTO

Se houver um computador na sala do encontro, poderá ajudar como símbolo ou referência.

DESENVOLVIMENTO

Primeiro passo: Situar-se

1. Escrever numa lousa ou num papel: "Computador".
2. Convidar os participantes para que:
   - Reflitam sobre o termo e sobre o que ele sugere.
   - Escrevam, em volta da palavra, tudo o que ela lhes sugere: sentido, partes, facilidades, recursos, perigos.... Nesse primeiro momento não há censura e cada um escreve o que lhe vem à mente.
   - Deixar um tempo para essa reflexão e participação de todos. Pode-se colocar uma música.
   - Depois dessa primeira aproximação, a equipe de coordenação retoma tudo o que apareceu na lousa. Pede para que os participantes – em duplas ou em trios – resumam criativamente tudo o que apareceu.
   - Dá-se um tempo para a síntese e a socialização.

Segundo passo: Partes e possibilidades de um computador

1. A equipe de coordenação formará pequenos grupos de até cinco pessoas. Colocará em cada grupo uma pessoa com alguma familiaridade com computação para que possa ajudar as demais.
2. Cada grupo fará um levantamento de:
   - Tudo o que faz parte de um computador e suas utilidades.
   - Atuais possibilidades e facilidades de um computador. Alguém do grupo anotará esses aspectos.
3. Poderá ser de ajuda o fato de se perguntarem, nos grupos:
   - Quais as partes de um computador? Teclado, disco rígido, tela, *mouse*...

Canísio Mayer

- O que é possível fazer em relação aos textos? Escrevê--los, reconfigurá-los, guardá-los, deletá-los...
- O que é possível fazer com a internet? Mandar e receber *e-mails*, consultar *sites*, fazer pesquisas...
- O que mais é possível fazer num computador?

4. Faz-se um plenário sobre tudo o que os grupos refletiram a respeito das partes e possibilidades de um computador.

Terceiro passo: A figura do computador e o tema da revisão de vida

1. Esse é o momento de escolher com os participantes o tema sobre o qual se deseja fazer uma revisão de vida, da caminhada do grupo:
   - Aspectos da vida particular: afetividade, cultivo de uma mística, ocupação do tempo na vida cotidiana, lazer, cultura, amizades, formação, relação com o passado...
   - A vida familiar.
   - A sala de aula.
   - Grupo de sindicato.
   - Grupo de educadores.
   - Grupo do qual a pessoa faz parte.
   - A sociedade.
   - O mundo do trabalho.
   - A educação...

2. Revisão de vida significa reconhecer três pontos:
   - Pensar, refletir e discernir sobre o que está bom na vida e se deseja continuar.
   - Acolher e repensar o que não está bem: apagar, recomeçar, reorientar...
   - Buscar forças e elementos para um novo recomeço: elaboração de um projeto de vida.

3. Com base no levantamento feito sobre o que um computador tem e quais suas possibilidades, o coordenador coloca na lousa sugestões que servirão para a reflexão que cada participante fará – individualmente – sobre o grupo, como:

· Dinâmicas pedagógicas:
Técnicas e textos para o crescimento pessoal e coletivo ·

- *Teclado*: você recebeu um *e-mail* de alguém interessado em conhecer seu grupo: o que você escreveria para ele? O que diria das pessoas que fazem a história do grupo? O que teclaria sobre a importância do grupo em nossos dias? Que frases sugestivas você colocaria sobre seu grupo? O que mais gostaria de teclar sobre o grupo?
- *Disco rígido*: O que o grupo tem arquivado em seu disco rígido? O que facilmente consulta e o que esquece ou deleta prontamente? Quais textos, experiências, histórias que o grupo tem arquivado na sua caminhada até o presente? Quais os fatos, as experiências marcantes, as dificuldades enfrentadas, os desafios superados...
- *Vírus*: Onde se percebe a entrada de vírus que danifica alguma coisa no computador, que é o grupo? Quais os tipos de vírus – dar nomes a eles – que se apresentam e têm um dinamismo destruidor? Onde o grupo recebe infiltrações destrutivas? De que maneira o grupo precisa estar atento à forma de trabalhar, encarar as responsabilidades, viver o compromisso com os outros? O que é necessário fazer para eliminar esses vírus? Que passos são necessários e/ou urgentes a serem dados?
- *Reconfiguração*: Que aspectos, no grupo, estão precisando de reconfiguração, isto é: de retomada, de reorientação tendo em conta o tempo de hoje e as necessidades atuais? Onde é preciso repaginar algo, aumentar a letra, negritar, colocar em *itálico*, estar mais atento...?
- *Internet*: Quais as características do seu grupo? Onde ele é igual e diferente de outros grupos que você conhece? Quais aspectos do grupo você gostaria de partilhar – por meio da internet: *e-mail*, comunidades... – com outros grupos ou com amigos que moram longe? De quais aspectos do grupo você teria certa vergonha de falar? (Por exemplo: falta de compromisso social, muitas fofocas, falta de solidariedade, grupinhos fechados...)
- *Site*: Se você tivesse que criar um *site* sobre seu grupo, que nome daria? O que mostraria? Quais fotos colocaria? Quais textos teria prazer de colocar neste *site*? O que não gostaria de mostrar? Por quê?

Canisio Mayer

- *Outros recursos*: caberá à equipe de coordenação se apropriar de alguns aspectos importantes que apareceram no levantamento das partes e recursos de um computador, e adaptá-los ao que se deseja refletir.

Quarto passo: Revisão de vida individual

1. Pode-se orientar o grupo para uma revisão de vida individual, apropriando-se dos elementos que compõem um computador para: rever, deletar, reconfigurar, guardar aspectos importantes da vida.
2. Propõem-se algumas questões para ajudar nesse processo. Sugere-se anotar os pontos mais importantes da reflexão.

   - *Primeira questão*: Observando a figura do computador, que tem inúmeras pastas e arquivos e olhando para sua história pessoal que também tem inúmeras experiências, acontecimentos, fatos...

     - *Pastas*: que nomes você dá para as diferentes pastas ou arquivos da sua vida? Pode ser a pasta da infância, da adolescência, da juventude, do namoro, das viagens, do estudo, do trabalho, da vida afetiva, do incompreensível, das loucuras, dos compromissos sociais, das amizades...
     - *Arquivos*: dentro de cada pasta você tenta criar os arquivos, isto é, aquilo que caracteriza cada pasta: por exemplo, na pasta do namoro você pode criar os arquivos (1) da novidade total, (2) da opinião dos outros, (3) da atitude dos pais frente ao namoro, (4) das viagens, (5) do incompreensível e misterioso numa relação a dois, (6) outros aspectos. Aqui é importante que a criação da pasta e dos diversos arquivos esteja de acordo com o que você viveu. Trata-se do seu computador, da sua vida. Seria interessante não só citar as pastas e os arquivos, mas também escrever algo que caracterizou cada um: medos, descobertas, mistério, abertura com alguém, busca da verdade... Outros.

· Dinâmicas pedagógicas:
Técnicas e textos para o crescimento pessoal e coletivo ·

- *Segunda questão*: De tudo o que aconteceu na sua vida – e que está nas pastas e arquivos –, o que você gostaria ou precisaria:
  - ◆ *Deletar*: excluir definitivamente, pois não ajuda você a viver alegre e livremente a sua vida.
  - ◆ *Reconfigurar*: tendo em conta que o tempo atual não é mais o de alguns anos atrás, o que você precisaria reconfigurar, reorientar... dar uma nova formatação dentro da idade, contexto e sonhos atuais em que você se encontra?
  - ◆ *Não mexer*: que aspectos da sua vida não seria interessante mexer por estarem muito bem ou por lhe causarem sofrimento, dor e não levar a nada? O que significa não mexer em coisas do passado que são irreversíveis? Como encarar as frustrações, perdas, medos, inseguranças...?
  - ◆ *Copiar num pendrive*: existem coisas na vida que são muito preciosas: o que você gostaria de guardar num *pendrive* como garantia maior para o seu futuro? Quais são as experiências, pessoas, atitudes, posturas de vida, aprendizados... que você gostaria de guardar no *pendrive* da sua consciência e no *pendrive* do seu coração?

- *Terceira questão:* Como o computador, também nossa vida é invadida por certos vírus que desejam destruir o que temos e o que somos. Reflita e anote:
  - ◆ *Pontos fracos:* quais os pontos da sua vida que facilmente são invadidos por vírus que destroem o que de bom existe nela? O que faz você perder a cabeça no seu dia a dia?
  - ◆ *Nominar:* não tenha medo de dar nome ao tipo de vírus que invade sua vida. Como se chamam os vírus que facilmente tomam conta do seu cotidiano, dos momentos de cansaço, dos momentos de solidão? Tente perceber se é o vírus que ameaça a autoestima, que reforça o sentimento de inferioridade, que aumenta a força dos medos, que acelera a insegurança, que seca ou definha a capacidade de se

alegrar com a felicidade dos outros, que dá asas aos ciúmes, ao orgulho... Reflita e dê nomes aos vírus por mais difícil que isso possa parecer. É importante enfrentar o que nos prejudica e prejudica os outros.

◆ *Mecanismo:* tente refletir e perceber o mecanismo que o vírus exerce sobre sua vida. Perceba a porta por onde ele entra (porta das relações sociais, medos, pontos fracos e fortes da sua vida...). Esteja atento, pois muitas vezes ele se traveste de "anjo bom", mas, pouco a pouco, revela-se como um leão destruidor, interesseiro... mercenário.

◆ *Tá, e daí?:* não basta ter consciência de tudo o que acontece em nossa vida, é preciso uma postura consequente, envolvente, responsável.... Pergunte-se sobre o que poderá fazer para superar certos limites, dificuldades.... Anote três posturas concretas que o ajudarão, de hoje em diante, na nova configuração do seu viver.

- *Quarta questão:* O computador não é só uma máquina, ele é um meio para uma comunicação com pessoas dos quatro cantos do planeta. Existe a possibilidade de você:

  ◆ *Criar um site*: pense na possibilidade de criar um *site* sobre sua vida, seu passado, seu momento presente e seus sonhos. Qual seria o nome sugestivo que você daria ao *site*? O que colocaria como texto? Que fotos seriam imprescindíveis? Que recursos criativos fariam parte do seu *site*?

  ◆ *Enviar e-mail*: para quem você gostaria de enviar um *e-mail*, fax ou ter uma conversa? O que escreveria para os amigos? Quais seriam as novidades, dificuldades, alegrias que gostaria de partilhar com amigos ou outras pessoas?

  ◆ *Fazer novos amigos*: que tipo de pessoas você gostaria de conhecer por meio da internet, comunidades...? Que tipo de pessoas você gostaria que seus amigos te apresentassem? Imagine alguém que mora longe e que gostaria de conhecer

· Dinâmicas pedagógicas:

Técnicas e textos para o crescimento pessoal e coletivo ·

você: Como se apresentaria para esta pessoa? O que falaria da sua vida até aqui? O que falaria do momento atual da sua vida, dos sonhos e esperanças?

- *Pensar outras questões*: caberá à equipe coordenadora elaborar outras questões que ajudem a mergulhar, ainda mais, no que se deseja com a presente dinâmica.

3. Sugestão de apêndices: A, B, F, G, N, R e T.

Gerar e desejar

Os valores geram atitudes e
o comprometimento gera cidadania.

O medo gera violência e
o silêncio gera impunidade.

A fé deseja justiça e
a verdade deseja amor.

O perdão deseja recomeço e
a alegria deseja esperança.

Os sonhos geram metas e
os objetivos geram superação.

A humildade gera gratidão e
o reconhecimento gera compaixão.

A tolerância deseja respeito e
a diferença deseja crescimento.

O conhecimento deseja consciência e
a sinceridade deseja confiança.

A indiferença gera frieza e
a omissão gera insatisfação.

O apego aos bens gera orgulho e
a autossuficiência gera incapacidade de amar.

A semente deseja nascer e
o rebento deseja crescer.

A árvore deseja florir e
os frutos desejam dividir.

O amor deseja humanidade.
A sensibilidade deseja solidariedade.

A coragem gera coragem.
A gentileza gera gentileza.

Capítulo 7

Dinâmica do Livro

OBJETIVOS

1. Promover a criatividade dos participantes de um encontro.
2. Favorecer momentos de reflexão individual, trabalho em grupo e criação de algo novo.

INTENÇÕES

Esta dinâmica usa a imagem de um livro que serve de inspiração para trabalhos em grupos e construções coletivas... Poderá ser, também, um incentivo para que mais pessoas escrevam livros, artigos, façam reflexões...

A dinâmica privilegia uma experiência de trabalho individual e coletiva em que o envolvimento de todos os participantes é fundamental para que ela aconteça.

A Dinâmica do Livro deseja provocar pessoas a admitirem, seriamente, serem autores de um livro. Convida, de forma vivencial, a mergulharem nesta arte de ver, pensar, sistematizar, escrever, elaborar... sonhar um livro.

PARTICIPANTES

Não existe limite.

MATERIAIS PROPOSTOS

1. Material para escrever e pintar.
2. Papel sulfite e outros tipos conforme a dinâmica for sugerindo.

· Dinâmicas pedagógicas:
Técnicas e textos para o crescimento pessoal e coletivo ·

DESENVOLVIMENTO

Primeiro passo: Exercício individual

1. Convidar para fazerem uso da imaginação e projetarem um livro. Para tanto, será necessário que cada um defina um tema, por exemplo: família, grupo, meio ambiente, fenômeno dos adolescentes, educação, juventude, emprego, namoro, compromissos, profissão...
2. Refletir sobre qual gênero seria o livro: romance, história, lenda, parábola...
3. Quantos capítulos terá o livro? Quais seriam os títulos de cada capítulo e do livro?
4. Como seria a capa do livro? Que subtítulo teria? Colocaria uma foto ou gravura na capa? Qual e por quê?
5. Deixar o tempo necessário para o exercício individual de refletir sobre e anotar as questões pontuadas. Pode-se colocar uma música enquanto o grupo reflete.

Segundo passo: Socializar os trabalhos feitos

1. Favorecer um tempo de partilha da reflexão individual.
2. Delimitar o tempo, pois haverá outros trabalhos importantes.
3. Depois da partilha a equipe coordenadora proporá ao grupo a escolha de um tema sobre o qual se deseja escrever – coletivamente – um livro. Este momento tem três tempos:
   - Apresentação de proposta para o tema do livro.
   - Ponderações sobre as propostas apresentadas.
   - Escolha de um tema.

4. O tema escolhido será escrito na lousa ou no papel.
5. Formam-se pequenos grupos: até cinco participantes.

Terceiro passo: Uma experiência de trabalho coletivo

1. Nos grupos acontecerá uma reflexão e a organização de um primeiro esboço de livro pensado coletivamente.
2. Neste esboço poderá aparecer:

Canísio Mayer

- A sugestão de um título e de uma capa.
- A distribuição dos capítulos: título do primeiro capítulo, do segundo, do terceiro... da conclusão.
- Os temas e a abordagem que darão unidade aos capítulos.
- Que tipo de ilustração deve aparecer em cada capítulo.
- Que aspectos apareceriam nos dados biográficos sobre o(s) autor(es).

3. Deixar um bom tempo para esse trabalho em equipe. Incentivar para que todos participem dessa construção coletiva.
4. Anotar os tópicos principais do trabalho coletivo.

Quarto passo: Apresentação dos trabalhos

1. Preparar um jeito criativo de apresentação desse trabalho ao grupo maior e socializar o resultado obtido.
2. Dependendo do tempo disponível, esta etapa poderá ser vivida por diversos encontros. Caberá à equipe coordenadora discernir o que for melhor.

Quinto passo: Trabalho em plenário

1. Após as apresentações dos grupos, poder-se-ia proporcionar um outro momento rico de trabalho coletivo, isto é, a confecção de um livro baseado em tudo o que os grupos partilharam.
2. Aqui seria interessante disponibilizar papel em forma de um rolo. Estendê-lo no centro da sala, com bastante material para escrever, desenhar, ilustrar...
3. O grupo decidirá: título do livro; o número, títulos e sequência de capítulos; a abordagem temática; dados dos autores; tipos de ilustrações.
4. Depois desses encaminhamentos, pode-se voltar ao trabalho em pequenos grupos, para o trabalho final do livro:
   - Um grupo desenvolverá a capa, o título...
   - Outro grupo a apresentação, tornando-a atraente.
   - Outro grupo o primeiro capítulo, outro o segundo, e assim por diante...

· Dinâmicas pedagógicas:
Técnicas e textos para o crescimento pessoal e coletivo ·

- Outro grupo fará a conclusão.
- Outro grupo desenvolverá os dados biográficos dos autores.

5. O resultado desse trabalho poderá ser apresentado em plenário, que deverá decidir sobre o que fará com o material trabalhado e produzido:
   - Se o material fica apenas como um belo exercício de trabalho coletivo.
   - Se é possível pensar uma futura publicação. O que seria importante em termos de encaminhamentos?
   - Outras possibilidades.

6. Sugestão de apêndices: B, D, F, J, L, O e Q.

Quem me dera

Quem me dera saborear mais cada passo e
ser menos escravo dos resultados.

Quem me dera mergulhar mais no sentido
e ser mais livre em relação às formalidades.

Quem me dera escutar mais o silêncio e
ser menos escravo das palavras.

Quem me dera dançar mais com a melodia da música e
ser mais livre em relação às partituras.

Quem me dera inebriar-me mais com a fragrância e
ser menos escravo da aparência.

Quem me dera ser mais seta indicadora e
ser mais livre em relação ao ponto de chegada.

Quem me dera ser mais protagonista
e menos escravo das opiniões.

Quem me dera ser eu mesmo nos momentos
e mais livre em relação aos outros.

Quem me dera mergulhar mais na essencialidade e
continuar livre ao que traz a todos a real liberdade.

Capítulo 8

Dinâmica da Poesia

OBJETIVOS

1. Favorecer uma reflexão individual e um trabalho coletivo de construção de um poema sobre um tema que interesse a todos os participantes.
2. Propiciar um trabalho em grupos. Usar a imaginação, deixar aflorar o lado poético.

INTENÇÕES

Todo ser humano traz consigo um lado poético. O jeito de expressá-lo pode variar.

Esta dinâmica visa recordar poemas aprendidos e declamados em tempos que já se foram. Recordar é viver, é reviver dentro de um novo contexto, é mover-se dentro de um novo horizonte...

O objetivo é "ressuscitar" a grandeza do trabalho coletivo. E, também, provocar os participantes a soltarem o lado poético que trazem em si. Aqui vale lembrar que a veia poética não se força a aparecer nem se calcula quando ela é mais dócil, porém o que se quer aqui é provocar de forma positiva um exercício capaz de voar mais alto, de sonhar com os olhos abertos, de mergulhar em oceanos novos, de tocar sentimentos meigos, de abraçar, beijar... viver... Ser.

PARTICIPANTES

O ideal é que o grupo não seja muito grande. Pode chegar até 25. Caso seja maior, será necessária boa agilidade por parte da equipe coordenadora, formando dois grupos no trabalho coletivo de um poema (segundo passo).

· 67 ·

· Dinâmicas pedagógicas:
Técnicas e textos para o crescimento pessoal e coletivo ·

MATERIAIS PROPOSTOS

1. Tiras de papel: 50 x 20cm. Uma tira para cada participante.
2. Canetinhas, pincéis atômicos.

DESENVOLVIMENTO

São vários os momentos que poderão ser vivenciados durante a presente dinâmica. Seguem alguns que devem passar pelo "filtro" da equipe coordenadora, tendo em vista as expectativas dos participantes e os frutos que se desejam com o encontro.

Primeiro passo: Recordar é viver

1. A equipe coordenadora motiva os participantes a uma pequena reflexão individual para tentar recordar algum poema ou parte de um poema. Pode ser algum que aprenderam na infância, adolescência...
2. Partilham – dois a dois ou no grupo maior – um dos poemas que lembraram.
3. Enquanto recordam os poemas, poderão comentá-los:
   - Como e onde aprenderam tal poema ou parte dele?
   - Quem o ensinou e por que ele é importante?
   - O que o poema significou em tempos passados e qual a importância dele nos dias atuais?
   - Fazer outras perguntas para motivar a partilha.

Segundo passo: Construção coletiva de um poema

1. A equipe de coordenação deverá escolher, previamente, o tema do encontro. Poderá ser, por exemplo, sobre o amor, o meio ambiente, o desemprego, a violência, a família, as relações sociais, o rio, o mar, o céu estrelado, o grupo, o casal, a relação pais e filhos, a cidade/região/bairro/vila...
2. Em vista desse tema motivador e dos frutos a alcançar, acontecerá este segundo passo:
   - Todos os participantes receberão uma tira de papel, refletirão e criarão uma frase poética dentro do tema proposto.

Canísio Mayer

- Deixar um tempo para a reflexão, criação da frase poética e escrita na tira de papel.

3. A equipe de coordenação convida todos a lerem – com calma, em voz alta e de forma poética – a frase que cada um criou. Quando terminarem de ler, colocam a tira no chão para que fiquem visíveis a todos os participantes.

4. Terminada a leitura, todos são convidados a falar sobre o que fizeram e ouviram dos colegas. Interpretar o que aconteceu até o momento: o que foi interessante, o que chamou atenção, facilidades e dificuldades encontradas, descobertas feitas...

5. Após isso, o grupo é convidado a organizar e escrever um poema com as frases poéticas apresentadas pelos participantes de forma coletiva. Essa criação deverá obedecer a alguns critérios:

- Ter uma lógica: o que será melhor no começo, no meio e no fim?
- Qual destas frases poderia ser o "fecho de ouro" do poema?
- Qual frase poderia ser o título do poema?
- Como poderia ser a sequência do poema?
- Seria interessante acrescentar alguma outra frase? Qual?
- Como organizar as imagens que aparecem nas frases? Que tipo de ilustração poderia aparecer no poema?
- Ver outras questões relevantes para esse momento de participação de todos.

6. Os participantes deverão se manifestar sobre o futuro do poema construído coletivamente. O que farão?

- Alguém fará um cartaz de maneira que fique visível em algum lugar importante?
- Alguém recolherá as frases e reproduzirá o texto para todos?
- As tiras serão coladas num mural de acordo com a sequência adotada pelo grupo?
- Encontrar outro destino? Qual?

7. Conforme o número de participantes, a equipe coordenadora poderá dividir as pessoas em dois grupos, propondo um tema diferente a cada um.

· Dinâmicas pedagógicas:
Técnicas e textos para o crescimento pessoal e coletivo ·

Terceiro passo: Análise do poema

1. Uma possibilidade de aprofundamento poderia ser a formação de pequenos grupos para analisarem o poema. Alguém anota o resultado das reflexões para uma posterior apresentação em plenário.
   - Quais são as palavras que mais se repetem no poema?
   - Quais os valores presentes no poema?
   - Que problemas são ditos no poema e quais só aparecem nas entrelinhas?
   - O que o poema anuncia e o que ele denuncia?
   - Quais as imagens – de homem, de mundo, de futuro, da natureza etc. – o poema apresenta? São imagens dinâmicas ou estáticas, otimistas ou pessimistas, prospectivas ou retrospectivas, de bom humor ou de tristeza...?
   - Elaborar outras questões.

2. Favorecer um momento de plenário. Nele, as questões anteriores poderão servir como recurso de partilha e socialização dos trabalhos feitos nos grupos.

3. Terminar o encontro com uma avaliação do mesmo:
   - Participação de todos os presentes.
   - Relação do trabalho feito com a vida cotidiana.
   - Lições que cada participante leva para sua vida.
   - Como foi a experiência do trabalho coletivo, do encontro com um tema previamente determinado, no contato com o lado poético?
   - Pode-se, ainda, acenar para um fechamento de ouro que poderá seguir estes três momentos: "Que bom..."; "Que pena..."; "Que tal...".

4. Sugestão de apêndices: C, G, H, J, O, P e S.

Poetizar

Poetizar é...
Acender uma luz,
fazer dia dentro da gente,
sentar-se junto ao fogo,
contemplar o mistério,
abraçar o amor.

Poetizar é...
Derramar o coração,
pular sobre as nuvens,
dançar na lua,
acarinhar as estrelas,
voar, sentir... ser.

Poetizar é...
Viver e reviver,
inventar e reinventar,
descobrir e redescobrir,
criar e recriar,
configurar e recomeçar.

Poesia é...
Mergulho,
elevação,
toque,
inspiração,
vida.

A poesia é...
O retrato da alma,
o palpitar do coração,
o doce sabor,
a suave carícia,
o eterno prazer.

· Dinâmicas pedagógicas:
Técnicas e textos para o crescimento pessoal e coletivo ·

Poesia é...
Sentir-se livre,
olhar o novo,
perder-se na imensidão,
acolher-se pequeno,
amar-se como único.

Poesia é...
Falar de mistérios, recordar lugares, reviver momentos...
Sentir o germinar da semente, a força da planta, o perfume das flores...
Afagar a terra, apalpar uma flor, tocar o vento, saborear frutos...
Olhar para o alto, para a terra, para os lados, para o tudo e para o nada.
Mergulhar nos olhos, beijar a alma, ser gente... Significar o viver.

Capítulo 9

Dinâmica das Músicas

OBJETIVOS

1. Motivar por meio de músicas sugestivas o silêncio para escutar os próprios sentimentos.
2. Favorecer a expressão corporal, comunicação, imaginação, criatividade.

INTENÇÕES

O ser humano é um ser de linguagem, de comunicação. Fala muito com a boca, expressa mais ainda com os gestos e entra numa comunicação profunda e sincera pelo olhar. A realização ou frustração da pessoa está no tipo de relação que ela instaura com o mundo (bens, dinheiro, cosmos e os demais), com a transcendência e consigo mesmo.

Esta dinâmica possibilita a expressão dos sentimentos, provocada por músicas pré-selecionadas de acordo com as diferentes dimensões do ser humano, abrindo as janelas dos sentidos na experiência cotidiana.

PARTICIPANTES

Não existe limite.

MATERIAIS PROPOSTOS

1. Aparelho de som que torne audíveis as músicas.
2. Papel sulfite e material para escrever.
3. Pesquisar e conseguir as músicas:

· Dinâmicas pedagógicas:
Técnicas e textos para o crescimento pessoal e coletivo ·

- *Tocando em frente*, de Renato Teixeira
- *O que é que é*, de Gonzaguinha
- *Metamorfose ambulante*, de Raul Seixas
- O poema *Metade*, de Oswaldo Montenegro

DESENVOLVIMENTO

Dos passos que seguem, a equipe deverá selecionar alguns e/ou acrescentar outros. Tudo isso em vista das expectativas e necessidades dos participantes e dos frutos a serem alcançados.

Primeiro passo: Soltar-se

1. Convidar todos para um momento de relaxar, de se soltar a partir de uma música.
2. A equipe coordenadora convida todos para que caminhem pela sala e expressem – com todo o corpo – o que a música lhes sugere: abrir os braços, abraçar alguém, sentar-se, dançar... É importante que cada um viva o momento sem se preocupar com o que os outros fazem ou poderão dizer.
3. Cabe à equipe coordenadora escolher uma música que tenha uma letra condizente com o momento e envolva os participantes. Ela poderá ser de qualquer gênero: clássica, instrumental, popular...
4. Depois da música, a equipe encaminha o momento seguinte.

Segundo passo: Retomar a história

1. Este momento deseja resgatar alguns aspectos da história dos participantes por meio de um convite, da equipe coordenadora, para uma reflexão em que os participantes anotarão numa folha de papel sulfite todos os momentos marcantes de suas vidas. Para tanto, deixa-se um tempo.
2. A equipe coordenadora, então, convida todos a caminharem pela sala tentando expressar com o corpo as experiências mais significativas da vida. Elas podem ser ou não registradas pelos participantes. A interpretação que os participantes farão dessa expressão é parte da dinâmica.

3. Para esse momento seria importante colocar uma música sem letra, isto é, instrumental.
4. Deixar o tempo suficiente para esta vivência.

Terceiro passo: Andar devagar, pois a pressa...

1. Em um clima de retomada da vida, coloca-se a música de Renato Teixeira, *Tocando em frente,* deixando livre aos participantes a expressão corporal que a música lhes sugerir.
2. Favorecer um momento de partilha entre os participantes, em pares ou em pequenos grupos, sobre:
   - Nos momentos vividos até então, o que foi importante, difícil, fácil...?
   - O que você está descobrindo com esta dinâmica?
   - Qual a importância desta dinâmica para a sua vida?
   - Preparar outras questões que ajudem a aprofundar este momento.

Quarto passo: Diante do espelho

1. Cada participante deve dispor de uma folha de papel sulfite e material para escrever e desenhar.
2. Todos são convidados a se imaginarem diante do espelho e tentarem se desenhar e descrever:
   - Primeiro: Da maneira como se veem em relação ao aspecto exterior.
   - Segundo: Da forma como estão interiormente: sentimentos, ressentimentos, alegrias, esperanças, dores, preocupações, sonhos... Desenhar os símbolos que ajudariam a entender o que se passa interiormente.

3. Enquanto estiverem fazendo a atividade, pode-se colocar uma música.
4. No término da atividade, convidá-los para que fiquem numa roda com o trabalho nas mãos, para que individualmente o contemplem enquanto escutam o poema *Metade*, de Oswaldo Montenegro, ou outro de abordagem similar.

· Dinâmicas pedagógicas:
Técnicas e textos para o crescimento pessoal e coletivo ·

5. Dependendo da maturidade do grupo pode-se, também, colocar os desenhos no chão, onde serão contemplados em suas riquezas e verdades pelos participantes enquanto circulam pelo ambiente.
6. Partilhar sobre o que foi vivenciado.

Quinto passo: Não somos nunca os mesmos

1. A equipe coordenadora motiva todos a refletirem sobre o mistério da vida, enfatizando o fato de o ser humano estar sempre num processo constante de mudanças, transformações, reconfigurações...
2. Convida todos a escutarem e refletirem sobre a música de Raul Seixas, *Metamorfose ambulante*. Depois, pode-se colocá-la uma segunda vez, pedindo aos participantes que representem com gestos, expressões corporais, movimentos... o que a música lhes sugerir.

Sexto passo: Situações diversas

A equipe coordenadora poderá pensar sobre outras situações que seriam importantes de serem vividas pelos participantes com o uso de músicas, que podem servir de suporte para o aprofundamento das temáticas que se deseja trabalhar. Estas situações podem ser de ordem:
- Pessoal: valores, autoestima, sentimentos...
- Grupal: aspectos que seriam importantes retomar na dinâmica de um grupo: compromissos, projetos, organização interna, atitudes de vida...
- Nacional: problemas e/ou situações que envolvem o país: fome, desemprego, educação...
- Mundial: ecologia, guerras, ideologias, opressão...
- Pensar questões relevantes para os participantes.

Sétimo passo: Sonho, esperança... viver

1. O último momento aqui sugerido diz respeito à vida como uma grande dádiva – dom – e como um grande compromisso –

tarefa diária. Envolve a preparação da música *O que é que é,* de Gonzaguinha e o convite a todos os participantes para que, do centro da sala, caminhem em direção aos quatro pontos cardeais e expressem com o corpo – olhos, mãos, pés... – o que desejam em relação à vida e ao amanhã: dançar, abraçar, fazer o trem da alegria, silenciar, abrir os braços...

2. Terminada a música:
   - Todos se abraçam numa única roda;
   - Partilha-se o que foi significativo na vivência da dinâmica;
   - Relaciona-a com a vida cotidiana;
   - Partilha-se o que cada um leva para a sua vida como compromisso;
   - Propõem-se outras questões.

3. Sugestão de apêndices: C, E, H, I, M, P e R.

Sensibilidade

Sensibilidade é gotejar orvalho em desejos que almejam.
É ser flor que dissipa a escuridão e traz o perfume da aurora.

Sensibilidade é compreender o silêncio na arte de silenciar.
É dançar sobre a partitura de uma música que deseja ser feita.

Sensibilidade é tatear o fascínio e acarinhar o encanto.
É fertilizar a novidade com a lágrima que transbordou do pranto.

Sensibilidade é inebriar-se na beleza de um jardim que vai ser.
É sentir a sutileza do detalhe que o todo faz engrandecer.

Sensibilidade é sentir o charme da delicadeza,
É lançar-se na elegância de ser sutileza.

Sensibilidade é estar numa encruzilhada de opções,
É mergulhar nos sentimentos e decidir pelo melhor diante de várias direções.

Sensibilidade é silenciar os lábios e expressar o coração com as mãos,
É sintonizar a gratuidade que o gesto faz com paixão.

Capítulo 10

Dinâmica da Agenda

OBJETIVOS

1. Aprender com o passado a viver melhor o presente, e a se lançar – humilde e corajosamente – ao futuro.
2. Ajudar a recordar fatos, lugares, vivências com a consciência de que a vida tem uma história... Partilhá-las com pessoas amigas e aprender a escutar aspectos significativos de outros.

INTENÇÕES

Esta dinâmica quer ser uma ajuda para que as pessoas sejam senhoras de sua vida e de suas decisões. Trata-se de deixar aflorar uma saudade capaz de motivar a vida presente e buscar novos sonhos no futuro.

Aprender a tomar a vida nas mãos, conduzi-la e não andar de carona com o tempo, com forças externas, ideologias, modismos...

A Dinâmica da Agenda pode ser vivida em grupos ou individualmente. Necessita de tempo. Não pode ser desenvolvida numa única reunião.

PARTICIPANTES

Até 25.

MATERIAIS PROPOSTOS

1. Uma agenda para cada participante, ou que construam a sua própria.
2. Material para escrever, pintar, colar...

· 79 ·

· Dinâmicas pedagógicas:
Técnicas e textos para o crescimento pessoal e coletivo ·

DESENVOLVIMENTO

Primeiro passo: Encaminhamentos

1. Conscientizar os participantes sobre a importância e a necessidade de termos uma agenda como referência – "bússola" – tanto para recordar o passado como para organizar o presente e o futuro.
2. Distribuir o material para que cada participante confeccione sua agenda, ou entregar uma para cada participante.
3. Delimitar um tempo para a reflexão sobre a agenda individual. Esse tempo poderá ser longo ou sugerido como "tarefa de casa", antes do encontro.
4. A reflexão individual consiste em recordar e registrar na agenda os acontecimentos que marcaram a vida:
   - Aniversários de familiares, amigos, conhecidos...
   - Identificar cada pessoa com um símbolo, palavra, característica, sinal...
   - Datas importantes, festas, estações do ano...
   - Viagens feitas, lugares conhecidos, pontos turísticos visitados...
   - Experiências vividas, pessoas encontradas, sonhos alcançados...
   - Perdas sofridas, pesares assimilados, problemas superados...
   - Acontecimentos nacionais ou mundiais que marcaram cada época.

5. Fazer, numa folha à parte, algo que ajude cada participante a visualizar sua história vivida. Sugere-se para isso:
   - A linha do tempo, isto é, como foi o processo existencial vivido até os dias atuais: perceber os momentos altos e baixos, as causas das quedas ou subidas...
   - Um gráfico que sintetize tudo o que foi vivido ao longo da vida.
   - Dar uma nota de zero até dez a respeito da intensidade com que viveu cada ano de sua vida.

6. Depois deste trabalho, cada participante poderá pintar cada acontecimento com uma cor, conforme o critério pessoal, como:

- Experiências boas: cor azul.
- Lugares interessantes: cor vermelha.
- Vivências desagradáveis: cor roxa.

Segundo passo: Ajudas

1. Este trabalho poderá ser feito com a ajuda de várias pessoas: familiares, amigos, internet, calendários já existentes, livros...
2. Em pequenos grupos poderá haver uma ajuda mútua no sentido de recordar datas, sugerir ideias... Em suma, enriquecer a agenda de todos.
3. A equipe de coordenação poderá optar em fazer um plenário para a socialização de fatos e acontecimentos mundiais.

Terceiro passo: Reflexões

1. Favorecer e delimitar um momento de reflexão conjunta sobre o caminho percorrido pelos participantes até o momento. Poderá ajudar nesta reflexão a socialização daquilo que foi:
   - Significativo no trabalho individual.
   - Alegre e dificultoso no processo vivido.
   - Novidade.

2. Interpretar, também, a Dinâmica da Agenda com a vida cotidiana:
   - Vantagens...
   - Importância...
   - Necessidade...
   - Outras conclusões.

3. Lembrete final: o trabalho feito é ponto de partida de uma agenda que quer ser vivida e registrada com amor.
4. Sugestão de apêndices: B, F, I, N, O, Q e S.

Tão simples e tão desafiante

Em momentos de tensão...
Que eu saiba escutar o que o outro quer dizer
e não apenas o que desejo ouvir.
Que eu saiba dialogar olhando nos olhos
e não apenas jogar palavras sem direção.
Que eu saiba expressar somente o que ajudar a resolver
e não servir ao orgulho que deseja ter razão ou ser a última palavra.

Em momentos de tensão...
Que eu saiba compreender as causas que geraram esta situação
e não apenas criticar pelas consequências.
Que eu saiba discernir de forma livre
e não decidir movido por interesses egocêntricos.
Que eu saiba fazer o que gostaria que fizessem comigo
e não apenas proferir condenações sem pensar no dia de amanhã.

Em momentos de tensão...
Que eu saiba ser coerente, bom e justo
e não exteriorize nenhum posicionamento sem estar convicto.
Que eu saiba confiar que o tempo tem sua sabedoria
e o que hoje não tem solução, solucionado está.
Que eu seja livre e com reta intenção na forma de pensar e proceder
e que a busca da verdade traga os frutos da paz.

Capítulo 11

Dinâmica da Estrela

OBJETIVOS

1. Provocar a curiosidade.
2. Entrar em contato com diferentes realidades da vida.
3. Socializar conhecimentos, experiências e sonhos sobre diversos aspectos que constituem o todo da vida.
4. Favorecer um clima de reflexão, de escuta, de aprendizado.

INTENÇÕES

Ter um primeiro contato com certas realidades. Motivo de fazer um aprofundamento a partir das perguntas e partilhas feitas no grupo.

Esta dinâmica poderá servir para inúmeros encontros de formação, debate, pesquisa e aprendizado.

Se o grupo deseja fazer um estudo, por exemplo, sobre algumas das grandes religiões do mundo, ele poderá ser dividido em pequenos grupos e preparar – com algumas semanas de antecedência – o conteúdo, e adotar uma metodologia de apresentação.

PARTICIPANTES

Até 30.

MATERIAIS PROPOSTOS

1. Papel, barbante, cordas, pedras, flores... para confeccionar uma estrela.
2. Copiar as palavras, sonhos, realidades, frases sugeridas embaixo e/ou outras que serão colocadas, sucessivamente, nas cinco pontas da estrela.

· Dinâmicas pedagógicas:
Técnicas e textos para o crescimento pessoal e coletivo ·

3. Filipetas de papel.
4. Duas caixinhas.

DESENVOLVIMENTO

Primeiro passo: Encaminhar

1. Confeccionar uma estrela com cinco pontas para ser colocada no centro da sala.
2. Colocar os nomes de todos os participantes numa caixinha.
3. Colocar os números de um até cinco em outra caixinha.
4. Em cada ponta da estrela será colocada uma das realidades sugeridas no texto "Nas cinco pontas da estrela", no final da dinâmica e/ou outros momentos conforme os objetivos do encontro.
5. A equipe de coordenação motiva todos para a participação alegre e responsável de cada momento que será vivido.

Segundo passo: Maneiras de vivenciar esta dinâmica

As sugestões que seguem não se excluem. Todas podem ser úteis.

1. *Primeira maneira*: No grupo
   - Todos os participantes estão sentados em volta da estrela.
   - Sobre cada uma das cinco pontas da estrela são colocadas cinco frases ou mesmo cinco aspectos, ou mesmo cinco símbolos. Por exemplo: Uma flor, uma corrente, um livro, um copo de água e uma carteira de trabalho.
   - O coordenador convida todos a ter um olhar contemplativo sobre as cinco realidades apontadas nas cinco pontas da estrela.
   - Em seguida – livre e espontaneamente – partilham o que esta palavra, símbolo, aspecto ou frase:

◆ Lembra	◆ Provoca
◆ Questiona	◆ Suscita
◆ Desafia	◆ Alegra

· 84 ·

Canísio Mayer

- Pode-se fazer, junto aos participantes, uma interpretação do tipo de respostas que apareceram, isto é:
  - ♦ Se foram sinais de vida, esperança ou tristeza e desânimo...
  - ♦ Se apareceram sinais de sensibilidade, de novas preocupações para os nossos tempos...
  - ♦ Outros aspectos relevantes.

- Após essa primeira rodada de atividade livre de todos os participantes, pode-se colocar cinco outros aspectos e continuar a partilha livre. Ou partir para a próxima maneira.

2. *Segunda maneira*: Pequenos grupos
  - Formam-se pequenos grupos de no máximo cinco participantes.
  - Cada grupo recebe uma frase de uma das pontas da estrela. Esta poderá ser sorteada. Por exemplo: uma das cinco grandes religiões do mundo.
  - Delimitar o tempo: em torno de 30 minutos para uma reflexão sobre a temática recebida e a preparação de algo – peça teatral, jogral, música, dança... – que será apresentado aos demais membros do grupo, em plenário.
  - No plenário, todos terão um tempo para a apresentação do resultado do trabalho feito nos pequenos grupos.
  - Pode-se privilegiar um momento de debate e de perguntas, tendo em vista o aprofundamento de uma temática.

3. *Terceira maneira:* Sorteio
  - São colocados cinco aspectos ou frases em cada ponta da estrela.
  - Todos refletem sobre as cinco realidades ali colocadas.
  - A equipe de coordenação sorteia um participante e uma ponta da estrela, usando para isso as caixinhas com os números e nomes. O sorteado terá um tempo para discorrer sobre a frase ou aspecto que lhe cabe.
  - Em seguida os demais participantes poderão fazer perguntas e acrescentar novos aspectos.
  - Após o primeiro sorteio, faz-se outro e assim sucessivamente.

· Dinâmicas pedagógicas:
Técnicas e textos para o crescimento pessoal e coletivo ·

4. *Quarta maneira:* Pares
- Formam-se pares.
- Cada par recebe uma frase.
- Terão em torno de 15 minutos para refletir sobre ela e encontrar um jeito de apresentar o resultado dessa reflexão a todos os participantes do grupo.
- Depois dessas apresentações poderá haver um debate organizado pela equipe de coordenação.

Terceiro passo: Avaliar e comprometer-se

1. Antes de terminar o encontro, convém fazer uma avaliação, tendo em conta:
- O processo vivido pelo grupo: participação, criatividade, envolvimento...
- Os frutos que cada participante leva para a sua vida.
- A continuidade do processo de reflexão.

2. Prever a cópia de um texto sugestivo para o término do encontro.
3. Esse texto poderá ser um dos apêndices: B, E, H, K, M, O, Q.

NAS CINCO PONTAS DA ESTRELA

Sobre alguns aspectos que interagem na dinâmica de uma sociedade:
- Ponta um: a Política
- Ponta dois: a Religião
- Ponta três: a Educação
- Ponta quatro: as Empresas
- Ponta cinco: a Vida Social

Sobre atitudes importantes na vida:
- Ponta um: Respeito
- Ponta dois: Tolerância
- Ponta três: Justiça
- Ponta quatro: Honestidade
- Ponta cinco: Responsabilidade

Canísio Mayer

Sobre algumas frases de amor:
- Ponta um: "O amor decresce quando cessa de crescer." (Chateaubriand)
- Ponta dois: "A maior felicidade é a certeza de sermos amados apesar de sermos como somos." (Victor Hugo)
- Ponta três: "O amor é a força mais sutil do mundo." (Mahatma Gandhi)
- Ponta quatro: "Tu te tornas eternamente responsável por aquilo que cativas." (Saint-Exupéry)
- Ponta cinco: "O amor é uma flor delicada, mas é preciso ter a coragem de colhê-la à beira de um precipício aterrador." (João Teodoro Woldsen)

Sobre realidades-sonhos:
- Ponta um: Liberdade
- Ponta dois: Paz
- Ponta três: Amor
- Ponta quatro: Unidade
- Ponta cinco: Cooperação

Sobre as grandes religiões do mundo:
- Ponta um: Judaismo
- Ponto dois: Catolicismo
- Ponta três: Islamismo
- Ponta quatro: Luteranismo
- Ponta cinco: Budismo

Sobre algumas profissões:
- Ponta um: Medicina
- Ponta dois: Arquitetura
- Ponta três: Psicologia
- Ponta quatro: Direito
- Ponta cinco: Pedagogia

Sobre elementos da natureza:
- Ponta um: Terra
- Ponta dois: Ar
- Ponta três: Fogo
- Ponta quatro: Água
- Ponta cinco: Luz

· Dinâmicas pedagógicas:
Técnicas e textos para o crescimento pessoal e coletivo ·

Sobre frases provocativas, da sabedoria:
- Ponta um: "Quanto mais discussões você ganhar, menos amigos terá." (Sabedoria popular)
- Ponta dois: "Eduque a criança e não será necessário punir o homem." (Pitágoras)
- Ponta três: "Para fazer inimigos, fale; para fazer amigos, ouça." (Adágio americano)
- Ponta quatro: "Você tem dois ouvidos e uma só boca. Ouça duas vezes e fale apenas uma. O ouvido não foi feito para fechar, mas a boca foi." (Provérbio turco adaptado)
- Ponta cinco: "Os prazeres são para o homem o que o sal e o vinagre são para a salada. Não se toma sal aos punhados nem vinagre aos copos." (Rousseau)

Sobre realidades que querem ser definidas:
- Ponta um: O que é felicidade?
- Ponta dois: O que é humildade?
- Ponta três: Como se constrói a unidade?
- Ponta quatro: O que é ética?
- Ponta cinco: Como se constrói a cidadania?

Como você interpreta estas frases?
- Ponta um: "É de humanidade que precisamos, não de máquinas." (Charlie Chaplin)
- Ponta dois: "Neste milênio ou seremos místicos ou não seremos nada." (Karl Rahner)
- Ponta três: "Ter noventa e nove amigos é pouco, ter um inimigo é muito." (Provérbio chinês)
- Ponta quatro: "Foi o tempo que dedicaste à tua rosa que fez tua rosa tão importante." (Saint-Exupéry)
- Ponta cinco: "Um homem só está sempre em má companhia." (Sabedoria popular)

Quais as relações que você estabelece entre:
- Ponta um: Ternura e seriedade?
- Ponta dois: Passado e presente?
- Ponta três: Real e ideal?
- Ponta quatro: Individual e social?
- Ponta cinco: Humildade e coragem?

Canísio Mayer

Sobre músicas:

- Colocar nas cinco pontas da estrela, cinco CDs diferentes.
- Tocar cinco músicas diferentes, de cantores diferentes: Cada música correspondendo a uma das pontas da estrela.
- Colocar em cada ponta da estrela frases de músicas conhecidas.
- Colocar a letra de cinco músicas diferentes nas cinco pontas da estrela.
- Escolher cinco ritmos diferentes de músicas. Cada um correspondente a uma das pontas da estrela.

Fisionomias

O amor se torna palpável quando
nossas mãos têm coração.

A emoção se torna audível quando
o cotidiano tem poesia e motivação.

A música se torna dança quando
em nosso corpo ressoa como numa caixa de som.

A sabedoria se torna relevante quando
a docilidade aprende dela como algo tocante.

Os sentimentos se tornam visíveis quando
as cores pintam o que é plausível.

A beleza se torna infinita quando
nas pupilas deixa o seu registro.

A novidade se torna semente germinada quando
as dificuldades são vistas como oportunidades.

A paz se torna o silêncio do coração quando
a verdade constrói pontes de compaixão.

A paciência se torna fonte de vida quando
o ser humano se banhar neste horizonte.

A esperança se torna o pincel da alma que
desenha a paz quando o homem decidir
ser solidário e confiar que é capaz.

Capítulo 12

Dinâmica dos Condicionamentos

OBJETIVOS

1. Perceber como somos contagiados pelo ambiente em que vivemos e refletir sobre como somos capazes de interferir nesse ambiente.
2. Desenvolver o senso crítico. Usar a criatividade, a comunicação, a expressão corporal.
3. Debater características do homem e da sociedade atual.
4. Saber defender uma tese, ser fiel ao grupo.

INTENÇÕES

Esta dinâmica é um apelo à nossa liberdade. Somos seres dotados de liberdade, capazes de transformar o meio que nos circunda e, ao mesmo tempo, sermos condicionados por ele.

As regras mínimas para um debate deverão ser claras e objetivas de tal maneira que não deem margem a interpretações dúbias. A equipe de coordenação deverá ser firme na condução do debate.

Considerando-se o grupo com que se trabalha, pode-se fazer referência a pessoas da história que pensaram de jeitos diferentes: "O homem é totalmente condicionado pelo ambiente em que vive" (Skinner); "O homem nasce predestinado" (João Calvino). Selecionar outras correntes do pensamento e aprofundá-las.

PARTICIPANTES

Até 30.

· Dinâmicas pedagógicas:
Técnicas e textos para o crescimento pessoal e coletivo ·

MATERIAIS PROPOSTOS

1. Confecção de duas silhuetas humanas de papel em tamanho natural. O ideal é que sejam um homem e uma mulher.
2. Filipetas de papel, canetinhas, lápis de cor...
3. Aparelho de som.

DESENVOLVIMENTO

Primeiro passo: Encaminhar e lançar um olhar

1. Motivar para um momento de reflexão, debate e aprendizados para a vida, em pequenos grupos com no máximo quatro participantes.
2. Delimitar o tempo de reflexão: em torno de 15 minutos.
3. O trabalho consiste em lançar um olhar sobre o mundo que nos rodeia e do qual fazemos parte, e sobre o homem que faz história neste mesmo mundo.
   - Os participantes refletirão sobre o que caracteriza o homem da atualidade. Alguém do grupo anotará as respostas e considerações que aparecerem no grupo.
   - Refletirão e anotarão – uma característica sobre cada filipeta – aquilo que caracteriza o mundo, a sociedade e a realidade de hoje.
4. Enquanto os grupos refletem sobre essas duas realidades, a equipe de coordenação colocará no centro da sala as duas silhuetas – uma mulher e um homem – com várias canetinhas, pincéis atômicos, lápis de cor...

Segundo passo: Visualizar

1. Os grupos serão reunidos em um único grupo.
2. Escreverão ou desenharão algo sobre as duas silhuetas que caracterizam o homem da atualidade.
3. Num segundo momento, colocar – em volta das silhuetas – as filipetas com as características da sociedade atual.
4. Enquanto isso, pode-se colocar uma música.

Canísio Mayer

5. Deixar um momento para que os grupos socializem algo da experiência vivida nos grupos.

Terceiro passo: Interpretar

1. A silhuetas recebem vida e são contextualizadas.
2. A equipe de coordenação convida todos para fazer uma interpretação de tudo o que apareceu, como:
   - O que chama atenção em tudo o que foi refletido e está sendo visualizado nas silhuetas e em volta das mesmas?
   - Quais são os aspectos que se repetiram?
   - Existem características que estão faltando? Quais?
   - É possível perceber uma relação entre as silhuetas e o contexto em que se inserem? Onde?
   - Fazer outras perguntas provocativas.

Quarto passo: Debater

1. Formam-se dois grupos: o Realidade e o Liberdade.
2. Delimitar um tempo de preparação para o debate: em torno de dez minutos.
3. Os grupos preparam argumentos para defender as seguintes teses (mesmo que alguns membros não concordem com o que a tese de seu grupo afirma, trata-se de uma dinâmica e será importante ser fiel ao grupo):
   - Grupo Realidade: defende a tese de que o homem é condicionado pela realidade. É ela que faz com que o homem seja de um jeito ou de outro. O grupo buscará entender, por meio de argumentos e exemplos, como isso acontece.
   - Grupo Liberdade: defende a tese de que o homem é capaz de transformar o mundo, a realidade, o espaço em que vive, trabalha, estuda... Buscará argumentos consistentes, exemplos em que isso acontece.
4. Após a preparação, acontece o debate que deverá obedecer a algumas regras mínimas para o bom andamento, como:

- Dinâmicas pedagógicas:
Técnicas e textos para o crescimento pessoal e coletivo ·

- Alguém que facilite o debate, delimite o tempo para cada debatedor, passe a palavra, coloque ordem na casa...
- O facilitador deve motivar os participantes para o que é fundamental: saber debater, argumentar, exemplificar, usar a criatividade... Portanto, o grito, a imposição e outras posturas não terão espaço.

5. Após um bom tempo de debate, os dois grupos serão desfeitos.
6. Será feita uma interpretação final de tudo o que foi vivenciado pelo grupo:
   - O que foi fundamental nesse debate?
   - Qual a relação sadia entre o condicionar e o ser condicionado, entre liberdade e realidade?
   - Qual a relação dessa dinâmica com a nossa vida cotidiana, nosso trabalho, nossas vivências em diferentes lugares e situações?

7. Terminar bem o encontro, que poderá acontecer de várias formas:
   - Pensar e retomar o encontro sob a seguinte óptica: De tudo que foi pensado, criado, refletido, debatido neste encontro, o que você leva para a sua vida? Pode-se fazer um giro para que todos digam algo de forma sucinta.
8. Sugestão de apêndices: F, G, J, K, O, R e T.

A vida nos detalhes

Sem amor a vida seria um erro.
Sem música o dia a dia seria sem graça.
Sem abraço a convivência seria um equívoco.

Sem sorriso a vida seria um erro.
Sem prazer o dia a dia seria sem graça.
Sem perdão a convivência seria um equívoco.

Sem paixão a vida seria um erro.
Sem motivação o dia a dia seria sem graça.
Sem autenticidade a convivência seria um equívoco.

Sem coragem a vida seria um erro.
Sem desafios o dia a dia seria sem graça.
Sem sonhos a convivência seria um equívoco.

Sem horizonte a vida seria um erro.
Sem estações o dia a dia seria sem graça.
Sem consciência a convivência seria um equívoco.

Sem os outros a vida seria um erro.
Sem diferença o dia a dia seria sem graça.
Sem carinho a convivência seria um equívoco.

Sem amizade a vida seria um erro.
Sem família o dia a dia seria sem graça.
Sem esperança a convivência seria um equívoco.

Capítulo 13

Dinâmica das Opiniões

OBJETIVOS

1. Construir opiniões próprias: dar razões a favor ou contra, a partir de frases sugestivas.
2. Trabalhar em equipe, capacidade de debater, relacionar reflexões com a vida.
3. Possibilitar entrosamento, comunicação, autoconhecimento, busca de valores.

INTENÇÕES

É grandioso um grupo optar por se encontrar. É ainda mais digno de engrandecimento saber de grupos que desejam crescer a partir de reflexões, debates...

Esta dinâmica quer ser um espaço e, ao mesmo tempo, uma provocação para que os objetivos sejam alcançados.

Na Dinâmica das Opiniões são sugeridas frases. Querem ser apenas indicativas em vista dos frutos a alcançar. Elas podem ser alteradas, trocadas de acordo com os objetivos do encontro. Esta dinâmica poderá servir para vários encontros.

PARTICIPANTES

Até 25.

MATERIAIS PROPOSTOS

1. Cópia do texto "Admitindo novas possibilidades" para todos os participantes.
2. Material para escrever.

· Dinâmicas pedagógicas:
Técnicas e textos para o crescimento pessoal e coletivo ·

DESENVOLVIMENTO

Primeiro passo: Qual é sua opinião?

1. Com o texto, cada participante será convidado a uma reflexão individual em que:
   - Fará uma leitura de todas as frases recebidas.
   - Refletirá sobre cada frase, escrevendo ao lado se concorda (C) ou se discorda (D) do conteúdo afirmado. E, ainda, dará as razões para sua opinião.
   - Escolherá cinco frases que gostaria de debater, logo mais, em pequenos grupos.
   - Sublinhará as três frases de que mais gostou, ou que mais chamaram sua atenção.
   - Assinalará duas frases que tenham a ver com:
     - ◆ Sua vida familiar (F), dando razões (porquês) desta escolha e da relação das frases com a família.
     - ◆ Sua vida de trabalho (T), justificando.
     - ◆ Sua vida no grupo (G), justificando.
     - ◆ Sua vida escolar (E), justificando.
     - ◆ Sua vida social (S), justificando.
     - ◆ Outras realidades.

2. Delimitar o tempo: em torno de 20 minutos.

Segundo passo: Razões coletivas

1. Formar pequenos grupos para uma reflexão e debate sobre as cinco frases que cada participante escolheu para este fim.
2. Delimitar o tempo: em torno de 30 minutos.
3. Em seguida, o grupo selecionará cinco frases para uma apresentação junto aos demais participantes, em plenário.
4. Além disso, os grupos têm a missão de:
   - Apresentar as frases criativamente em plenário: jogral, dança, poema, teatro, expressão corporal, mímica, desenhos... A criatividade é sempre bem-vinda e incentivada!
   - Falar sobre:

Canísio Mayer

- ◆ As razões que levaram os participantes do grupo a fazer esta escolha: por simpatia, desafio, polêmica...
- ◆ As palavras-chave de cada frase.
- ◆ Os valores, atitudes, critérios presentes em cada um.
- ▪ Fazer uma interpretação de cada frase para os nossos dias: atualidade, lições para a nossa vida...

Terceiro passo: Criatividade

1. Após os trabalhos em pequenos grupos, haverá um plenário para a apresentação dos resultados que serão apresentados criativamente.
2. Valorizar a apresentação de cada grupo.
3. Provocar momento de reflexão em plenário baseando-se em:
   - ▪ Questões que surgiram nas apresentações ou nos pequenos grupos.
   - ▪ Questões que a equipe de coordenação considerar oportunas para aprofundamento maior.
   - ▪ Questões polêmicas que necessitam de ponderações da equipe de coordenação.
   - ▪ Outras questões.

4. Não esquecer de fazer uma avaliação:
   - ▪ Da proposta da dinâmica e sua relação com o cotidiano da vida.
   - ▪ Do processo vivido pelos participantes: reflexão individual, trabalho em pequenos grupos, plenário.
   - ▪ Dos frutos que cada um leva para a sua vida.

5. Terminar bem a dinâmica:
   - ▪ Repetição das frases que cada participante deseja valorizar como lema de sua vida daquele momento em diante.
6. Sugestão de apêndices: A, D, F, K, M, S e T.

Admitindo novas possibilidades

- "Quando todos pensam o mesmo ninguém pensa muito." (Walter Lippmann)
- "A vida é feita de poucas certezas e muitos dar-se um jeito." (Guimarães Rosa)
- "Quando um homem tem a liberdade de proceder como quer, em geral imita os outros." (E. Hoffer)
- "Não são as más ervas que afogam a boa semente, mas a negligência do camponês." (Confúcio)
- "Não se deve julgar um homem pelas suas qualidades, mas pelo uso que faz delas." (La Rochefoucauld)
- "Tens tal desordem dentro de ti que criarás teu próprio inferno." (Walter Starkie)
- "Todo o homem que encontro me é superior em alguma coisa. E, nesse particular, aprendo com ele." (Ralph Waldo Emerson)
- "Na luta se conhece o soldado; só na vitória se conhece o cavalheiro." (Jacinto Benavente)
- "A elegância é força contida." (Azorín)
- "O talento é feito na solidão; o caráter, nos embates do mundo." (Goethe)
- "Razões fortes originam ações fortes." (William Shakespeare)
- "O primeiro passo para conseguirmos o que queremos na vida é decidirmos o que queremos." (Ben Stein)
- "Experiência não é o que acontece a um homem; é aquilo que um homem faz com o que lhe acontece." (Aldous Huxley)
- "Os homens são como os vinhos: o tempo azeda os maus e melhora os bons." (Cícero)
- "O otimista acredita nos outros e o pessimista só acredita em si mesmo." (G. K. Chesterton)
- "Caminhante, não há caminho; faz-se caminho ao andar." (Antonio Machado)
- "Aplica a ti mesmo os conselhos que dás a outros." (Thales de Mileto)

Canísio Mayer

- "A língua resiste porque é branda; os dentes cedem porque são duros." (Provérbio chinês)
- "Ser aquilo que somos e vir a ser aquilo que somos capazes de vir a ser, eis a única finalidade da vida." (Robert Louis Stevenson)
- "Na maior parte dos homens, as dificuldades são filhas da preguiça." (Samuel Johnson)
- "Conhece-te a ti mesmo e conhecerás o universo e os deuses." (Sócrates)
- "A primeira e pior de todas as fraudes é enganar-se a si mesmo. Depois disso, todo o pecado é fácil." (J. Bailey)
- "A mais grave das faltas é não ter consciência de falta alguma." (Einstein)
- "O fundo do coração está mais longe que o fim do mundo." (Provérbio dinamarquês)
- "A paz vem de dentro de ti próprio, não a procures à tua volta." (Buda)
- "As mais belas coisas do mundo não se podem ver nem tocar, mas devem ser sentidas com o coração." (Charlie Chaplin)
- "O mais importante na vida não é o muito saber, mas o saborear as coisas internamente." (Inácio de Loyola)
- "O valor das coisas não está no tempo que elas duram, mas na intensidade com que acontecem. Por isso existem momentos inesquecíveis, coisas inexplicáveis e pessoas incomparáveis." (Fernando Pessoa)
- "Não somos responsáveis apenas pelo que fazemos, mas também pelo que deixamos de fazer." (Molière)
- "O homem moderno pensa que perde alguma coisa – o tempo – quando não faz tudo muito rapidamente. Todavia, ele não sabe o que fazer com o tempo que ganha." (Erich Fromm)
- "O discurso sobre Deus vem depois do silêncio da oração e do compromisso." (Gustavo Gutiérrez)
- "Se um jovem não consegue marchar no mesmo passo que seus companheiros, é possível que esteja ouvindo um tambor diferente. Deixe que ele siga a música que ouve, qualquer que seja o seu ritmo." (Henry Thoreau)

· Dinâmicas pedagógicas:
Técnicas e textos para o crescimento pessoal e coletivo ·

- "Não é mérito o fato de não termos caído, mas o de nos termos levantado todas as vezes que caímos." (Provérbio árabe)
- "Quando um homem dá um passo em direção a Deus, Ele se levanta de seu trono e dá cem passos em direção ao homem." (Provérbio sufi)
- "A sabedoria é saber o que se deve fazer; a virtude é fazê--lo." (David Starr Jordan)
- "Nunca encontrei uma pessoa da qual não tivesse nada a aprender." (A. de Vigny)
- "Se queres vencer na vida, consulta três velhos." (Provérbio chinês)
- "Os sábios falam pouco e dizem muito; os ignorantes falam muito e dizem pouco." (Sabedoria popular)
- "O mais importante da vida não é saber onde está, mas para onde vai." (Goethe)
- "Não tenha medo de dar um grande passo quando for necessário. É impossível cruzar um abismo com dois ou mais pequenos saltos." (David George)

Representar e significar

Distância representa pouco
quando o desejado significa muito.
Revisão representa pouco
quando a excelência significa muito.

Caminho representa pouco
quando a meta significa muito.
Sofrimento representa pouco
quando o sonho significa muito.

Sacrifício representa pouco
quando a chegada significa muito.
Passado representa pouco
quando a esperança significa muito.

Superação representa pouco
quando a alegria significa muito.
Condição representa pouco
quando a decisão significa muito.

A idade representa pouco
quando o viver significa muito.
O limite representa pouco
quando a liberdade significa muito.

Profissão representa pouco
quando vocação significa muito.
Cansaço representa pouco
quando a companhia significa muito.

Sorte representa pouco
quando a fé significa muito.
Trabalho representa pouco
quando a dignidade significa muito.

Dedicação representa pouco
quando o amor significa muito.
Perdoar representa pouco
quando a paz significa muito.

Tempo representa pouco
quando a presença significa muito.
Persistência representa pouco
quando alguém significa muito.

Capítulo 14

Dinâmica das Representações

OBJETIVOS

1. Refletir situações e posturas que envolvem as relações humanas em diferentes aspectos: o meio ambiente, o consumismo, o computador, o estudo, o espelho, a esperança.
2. Ajudar as pessoas a criarem laços de comunicação, a formarem um clima de entrosamento e de confiança.
3. Usar a imaginação, a criatividade e a expressão corporal.

INTENÇÕES

Esta dinâmica deseja lançar um olhar sobre nós mesmos e sobre os outros. Ajuda a entender que nós nos encontramos na relação sadia e justa com os outros. Encontramos com nós mesmos quando conseguimos olhar e acolher o outro como outro.

Aprender a "colocar-se na pele do outro" é um exercício salutar na vida de todos. Essa capacidade nos torna mais humildes, mais verdadeiros, mais pacientes e mais solidários.

PARTICIPANTES

1. Para a vivência da dinâmica – primeiro passo – não existe limite.
2. Para o segundo passo é aconselhável que se formem grupos com até 15 participantes.

MATERIAL PROPOSTO

Aparelho de som com música de acordo com o que segue.

· Dinâmicas pedagógicas:
Técnicas e textos para o crescimento pessoal e coletivo ·

DESENVOLVIMENTO

Primeiro passo: Motivar e representar

1. A equipe de coordenação motiva a dinâmica e explica como funcionará:
   - Todos se dirigem ao centro da sala ou do salão.
   - Vão caminhando – em silêncio – e circulando sem se afastarem do grupo.
   - A primeira situação poderia ser para ajudar a "quebrar o gelo" entre os participantes e favorecer um clima de confiança. Façam um pequeno exercício de relaxamento, respirem fundo algumas vezes, soltem os braços, as pernas, a cabeça, o corpo.
   - Em seguida, todos são convidados a abraçar, pelo menos, umas cinco pessoas do grupo. Que seja uma acolhida carinhosa e respeitosa de todos que farão esse exercício. Dados esses abraços, o grupo permanece no centro da sala.
   - A equipe de coordenação coloca uma música – de preferência um ritmo que agrade a maioria dos participantes – e convida todos a se deixarem levar pelo ritmo da música: movimentar os braços, as pernas, o corpo... É importante que cada participante saiba escutar a música e se deixar envolver por ela. Deixa-se um momento – de um minuto, mais ou menos – de acordo com a disponibilidade do grupo para a vivência desta dinâmica.
   - Em seguida, a equipe de coordenação explica e provoca a vivência de algumas situações sugeridas no texto "Representações possíveis" expostas no final da dinâmica ou criam-se outras.
   - Quando o coordenador falar "vivenciando", todos tentam representar criativamente a situação solicitada. Deixa-se um tempo: não mais que um minuto.
   - Depois da vivência de uma situação, a equipe de coordenação diz "circulando" e todos seguem este comando. Uma nova situação é criada pela equipe de coordenação. E ao comando "vivenciando", todos representam tal situação. Assim a dinâmica continua.

Canísio Mayer

2. Recomendações importantes para esta vivência da dinâmica:
   - A interpretação de cada situação faz parte da dinâmica.
   - É importante fazer uso de toda a criatividade: tanto nas palavras como nos gestos e na expressão corporal.
   - Motivar os participantes a não se preocuparem com o que os outros possam pensar deles, mas que sejam eles mesmos.
   - Respeitar limitações individuais sem expor pessoas.

Segundo passo: Debater

1. De acordo com a disponibilidade de tempo, pode-se selecionar uma das situações representadas para um debate entre os participantes.
2. Esse debate poderá ser, também, sobre uma situação ou temática que envolve a vida dos participantes, como:
   - Os métodos de estudo.
   - A questão dos comportamentos em situações limites: transporte coletivo, diante de pedidos de esmolas...
   - A cidade: o que mostraria e o que não? Quais critérios motivam essas decisões?
   - Discutir a questão do consumismo.
   - Debater problemas relacionados à educação...
   - Relacionar a dinâmica com a vida diária dos participantes.

Terceiro passo: Quem revê, vê melhor

1. Sugere-se fazer uma avaliação que poderá direcionar-se pela seguinte proposta:
   - O que você leva, desta dinâmica, para a sua vida?
   - O que foi mais importante para você na vivência desta dinâmica?
   - Quais dificuldades e alegrias sentiu ao longo deste trabalho?
   - Como foi a participação de todos?
   - O que pode melhorar?
   - Preparar outras questões para a avaliação da dinâmica.

Dinâmicas pedagógicas:
Técnicas e textos para o crescimento pessoal e coletivo

2. Além disso, é aconselhável fazer uma reflexão final a partir de um texto interessante ou mesmo de uma música que tenha letra sugestiva.
3. Sugestão de apêndices: C, D, G, J, L, P e R.

REPRESENTAÇÕES POSSÍVEIS

1. *Nos mares da vida*: Imaginar-se entrando no mar, em contato com as ondas que aumentam, sempre mais, e representar tudo o que você faria se estivesse num calor de verão, dentro do mar...
2. *Num dia de chuva*: Imaginar-se num dia de chuva. Você está numa rua movimentada. Representar seu jeito de ser, de se portar e de caminhar, tendo presente a situação de chuva, frio, vento forte, guarda-chuva pequeno, pressa, preocupações...
3. *Num dia de compra*: Imaginar-se na loja de sua preferência. Você encontra várias peças de roupa que lhe interessam muito. Porém, você não tem muito dinheiro. E se sente tentado a comprar pelo menos uma peça de roupa que lhe interessa muito. Represente seu jeito de se comportar num momento desses e, sobretudo, tente representar o que se passa dentro de você: pensamentos, sentimentos, tentações, vontades, atitudes...
4. *No transporte coletivo*: Imaginar-se em um ônibus lotado. Seu ponto final está chegando e você ainda tem todo o corredor para atravessar até chegar à porta de saída. Imagine a situação e represente-se no jeito de falar, pressionar e avançar até a porta de saída.
5. *Nos encontros da vida*: Imaginar-se diante do seu melhor amigo ou amiga. Faz mais de um ano que vocês não se encontravam. Chegou o momento. Como você se aproxima dessa pessoa amiga, como a abraça e como continuam esse encontro tão esperado.
6. *Diante do espelho*: Imaginar-se diante do espelho, lembrando que você não está com pressa: O que faz? Como faz? De que jeito faz? Que objetos – escova de cabelo, escova de dente, creme de barbear, perfume, secador de cabelo, cremes... – você usa e como os usa?

Canísio Mayer

7. *Bom apetite!:* Imaginar-se diante da uma mesa onde é servida a comida de sua predileção: Qual prato é? Em uma primeira situação você está sozinho na sala diante de uma mesa farta e vai se servir e alimentar. Como chega, o que faz antes, como se serve, como se senta, come, termina...? Na segunda situação, você está chegando a uma mesa com seus familiares e vários convidados. A comida não é muita. Como você chega e como se porta durante a refeição? Represente-se usando toda a sua criatividade.

8. *Método de estudo:* Imaginar-se diante de uma situação de estudo importante. Como você se prepara para o estudo? Onde você estuda? Que posição adota? Que metodologia usa para melhor aprender?

9. *Chegando em casa:* Todos são convidados a se imaginarem voltando para suas casas depois de um dia desgastante de trabalhos, estudos ou outros afazeres. Represente seu jeito de chegar perto de casa, o modo como entra na casa, onde coloca – ou joga – as coisas.

10. *Diante do computador:* Imaginar-se diante do computador: como o liga, como se senta, o que faz primeiro diante dele, o jeito de sentar, de olhar.... Represente o que você faz diante dele e o que se passa dentro de você. A criatividade é bem-vinda!

11. *Pelas ruas da cidade:* Imaginar-se andando pela rua de uma cidade onde você é abordado por três pessoas que pedem esmola: uma pessoa idosa, um jovem e uma criança. Ao encontrar a criança, o que faria? Você continua andando e encontra o jovem que também pede esmola/ajuda, o que faria? Por fim, encontra um idoso que pede sua compaixão. Nessa tríplice situação, represente as posturas que teria.

12. *Apresentar minha cidade:* Você está recebendo um grupo de pessoas indicadas por um amigo seu que mora na mesma região de onde é esse grupo. Você deverá mostrar a cidade para essas pessoas. Imagine e represente: quais os lugares ou situações que mostraria para o grupo? O que falaria e que gestos adotaria para falar sobre cada lugar ou situação? Que lugares ou situações você evitaria mostrar?

· Dinâmicas pedagógicas:
Técnicas e textos para o crescimento pessoal e coletivo ·

Por quê? Represente o que se passa dentro de você para não querer mostrar certos lugares ou situações.

13. *Imitar uma pessoa importante*: Convidar todos os participantes a pensarem em alguém que marcou muito a vida de cada um. Pode ser o pai, a mãe, um professor, um amigo, amiga, tio, tia... Cada um tentará imitar essa pessoa no jeito de ser, falar, caminhar, gesticular...

14. *Outras situações*: São inúmeras as situações que podem ser representadas e vividas nesta dinâmica. Por exemplo: colocar-se na pele de um desempregado, jovem drogado, filho que vê seus pais se separando, crianças abandonadas, mendigos pedindo esmola... Cabe à equipe de coordenação ter presente o que for melhor para os participantes de um encontro.

Flores do campo

A coragem faz transcender e
a humildade, acolher.
A crise faz amadurecer e
a interpretação, compreender.

O erro faz revisar e
o acerto, avançar.
A perda faz pensar e
o encontro, valorizar.

O sofrimento faz descer e
o oferecimento, engrandecer.
A superação faz vencer e
a persistência, surpreender.

A tolerância faz humanizar e
a inclusão, recomeçar.
A compaixão faz sensibilizar e
a solidariedade, amar.

A sabedoria faz conhecer e
o perguntar, crescer.
O entardecer faz agradecer e
o amanhecer, oferecer.

A fé faz silenciar e
o respeito, confiar.
O imaginar faz criar e
o sentir, poetizar.

Capítulo 15

Dinâmica da Escuta Diferente

OBJETIVOS
1. Proporcionar momentos de reflexão, partilha e aprendizagem.
2. Aprender a escutar: a vida, o silêncio, as pessoas, os sonhos.

INTENÇÕES
Diante da diversidade de culturas, religiões, ideologias, tendências... a sabedoria da vida é algo comum a todos os que acreditam e ajudam a construí-la.
Esta dinâmica quer ajudar a mergulhar em afirmações propostas pela história da humanidade e desafia a buscar um novo jeito de ser, de viver e de interagir no mundo.

PARTICIPANTES
Até 30.

MATERIAIS PROPOSTOS
1. Cópia do texto "Eternos aprendizes" para todos os participantes.
2. Material para escrever.

DESENVOLVIMENTO
Esta dinâmica poderá ser desenvolvida de diversas maneiras. Cabe à equipe de coordenação discernir o que for melhor, tendo em vista as expectativas e necessidades do grupo, e os frutos que desejam alcançar. Segue uma sugestão. Poderão ser outras de acordo com a criatividade da equipe que preparará o encontro, a reunião.

· Dinâmicas pedagógicas:
Técnicas e textos para o crescimento pessoal e coletivo ·

Primeiro passo: Reflexão individual

1. Distribuir a todos uma cópia do texto "Eternos aprendizes", no final da dinâmica.
2. Delimitar o tempo de reflexão individual: dependendo do grupo e da disponibilidade do tempo. Nessa reflexão, cada participante é convidado a:
   - Refletir sobre sua própria vida: perceber e anotar:
     - Uma frase-força – lema – que anima sua vida corporativa.
     - Uma frase-força que motiva sua vida familiar.
     - Uma frase-força que dá sentido à sua participação no grupo.
     - Uma frase-força que ajuda a entender seu compromisso na sociedade. Podem ser versos de músicas, frases inventadas, poéticas, bíblicas...
   - Ler, com calma, todas as 50 afirmações do texto "Eternos aprendizes". Acolher, saborear e interiorizar o sentido de cada frase.
   - Acrescentar outras frases sábias que conheçam ou que façam parte da vida de cada participante.
   - Assinalar as cinco afirmações que mais se identifica atualmente. Anotar as razões dessa identificação.
   - Sublinhar duas frases que foram importantes no passado.
   - Sublinhar três frases que gostaria de cultivar mais daqui para frente.

Segundo passo: Socializar e criar

1. Formar grupos com até sete participantes.
2. Delimitar o tempo: em torno de 25 minutos.
3. Nos grupos poderia acontecer o seguinte:
   - Uma socialização sobre o que foi significativo na reflexão individual, isto é, no primeiro passo.
   - Os participantes dos grupos – tendo presente as reflexões individuais feitas na partilha e os sonhos que

carregam consigo – terão uma das seguintes tarefas para escolher:

- Criar uma música: escolhem a melodia e criam a letra.
- Montar um jogral criativo.
- Ensaiar uma peça de teatro.
- Preparar um jornal falado.
- Preparar outro tipo de criação e apresentação.

Terceiro passo: Plenário

1. Organizar o tempo disponível para que todos possam se apresentar.
2. Realizar a apresentação daquilo que cada grupo refletiu e criou.
3. Terminar bem o encontro. Existem muitas maneiras, proponho três:
   - Cada participante fala uma frase que deseja levar mais a sério em sua vida.
   - Dizer a todos os participantes a frase de que mais gostou, ou escolher uma frase-força que anima e motiva sua vida, seu trabalho, sua esperança...
4. Sugestão de apêndices: B, D, F, I, O, Q e S.

ETERNOS APRENDIZES

- "Quem dera que minha existência fosse simples e reta como uma flauta de bambu, para enchê-la de música." (Tagore)
- "Nada te perturbe. Nada te espante. Tudo passa. A paciência tudo alcança. Somente Deus basta." (Santa Teresa d'Ávila)
- "É melhor pôr o coração na oração sem encontrar palavras, do que encontrar palavras sem pôr nelas o coração." (Mahatma Gandhi)
- "A verdadeira experiência cristã não é crer na existência de Deus, mas relacionar-se com Deus como amigo." (Sabedoria mística)
- "Não me constranjo de sentir-me alegre, de amar a vida assim, por mais que ela nos minta." (Mário Quintana)

- "Se todos nós fizéssemos as coisas que somos capazes, literalmente espantaríamos a nós mesmos." (Thomas Edison)
- "O tempo é minha matéria, o tempo presente, os homens presentes, a vida presente." (Carlos Drummond de Andrade)
- "O mundo é grande e cabe nesta janela sobre o mar. O mar é grande e cabe na cama e no colchão de amar. O amor é grande e cabe no breve espaço de beijar." (Carlos Drummond de Andrade)
- "Grande é a poesia, a bondade e as danças..., mas o melhor do mundo são as crianças, flores, música, o luar, e o sol, que peca só quando, em vez de criar, seca." (Fernando Pessoa)
- "O homem que trabalha com as mãos é trabalhador, o que trabalha com as mãos e a cabeça é um artesão, mas o homem que trabalha com as mãos, a cabeça e coração é artista." (Robert Winter)
- "Se tendes verdadeiramente fé, não pregueis o Deus na História, mas demonstrai como Ele vive em vós, hoje." (Mahatma Gandhi)
- "Não existe fé grande nem pequena. O que conta é a grandeza de quem vive a fé na sua carne." (Ditado cigano)
- "Há duas formas para viver sua vida. Uma é acreditar que não existe milagre. A outra é acreditar que todas as coisas são um milagre." (Albert Einstein)
- "Ser mestre não é resolver tudo com afirmações nem dar lições para que os outros aprendam... Ser mestre é verdadeiramente ser discípulo." (Søren Kierkegaard)
- "Não há razão para termos medo das sombras. Apenas indicam que em algum lugar próximo brilha a luz." (Ruth Renkel)
- Na vida muitas coisas são importantes: Ter consciência de quem você é, acolher onde você está, saber para onde você vai, acreditar e buscar um sonho! Não desanimar nunca.
- "Até hoje, para não se entender a vida o que de melhor se achou foram os relógios. É contra eles, também, que temos que lutar." (Guimarães Rosa)
- "Estou sempre alegre: esta é minha maneira de resolver os problemas da vida." (Charlie Chaplin)
- "Se eu fosse imortal, inventaria a morte para encontrar mais prazer em viver." (Jean Richepin)

Canísio Mayer

- O amor não usa relógio. As atitudes não têm endereço. Os valores não marcam encontros. Os gestos são uma dança. O carinho é uma sincronia. A carícia é um rito. O coração é uma orquestra, um hino, um palco e um sonho em movimento.

- "Aprendemos a voar como os pássaros e a nadar como os peixes, mas não aprendemos a arte de conviver como irmãos." (Martin Luther King)

- "Aprender a mudar o que é possível mudar, acolher o que é impossível transformar e lucidez para distinguir as duas". (Sabedoria popular)

- "Somos belos como os desejos de Deus. Tão belos que Ele nos criou para que fôssemos espelhos." (Rubem Alves)

- "A ninguém a vida foi dada como propriedade, mas a todos em usufruto." (Lucrécio)

- "Mais a vida é vazia, mais se torna pesada." (Alphonse Allais)

- "Se não formos capazes de acreditar num paraíso dentro de nós, é evidente que não poderemos encontrar um fora de nós." (Henry Miller)

- "A rosa é um jardim concentrado, um clarim de cor." (Carlos Drummond de Andrade)

- "Podem cortar todas as flores, mas não podem impedir o retorno da primavera." (Provérbio hindu)

- "Faz mais barulho uma árvore que cai do que uma floresta que cresce." (Provérbio italiano)

- "Amigo é aquele que entra quando todos saíram." (Provérbio inglês)

- "Quem ama a si mesmo e não a Deus, não ama a si mesmo. Quem ama a si mesmo e não ao próximo não ama a si mesmo. Quem ama a Deus e ao próximo ama a si mesmo." (Sabedoria mística)

- "Quem não tem pernas bem firmes no caminho da fé pode sempre se servir da cruz como apoio." (Edith Stein)

- "Quando vir um bom homem, trata de imitá-lo; quando vir um mau, examina a ti mesmo." (Confúcio)

- "Quero a misericórdia, e não o sacrifício." (Mt, 9:13)

- "O tímido tem medo antes do perigo; o covarde, durante; o corajoso, depois." (Jean Richter)

· Dinâmicas pedagógicas:
Técnicas e textos para o crescimento pessoal e coletivo ·

- "Sem um horizonte que nos encante e torne esperançosa a luta, não passaremos de tarefeiros, carentes de perspectivas e de resultados." (Danilo Gandin)
- "A arte da vida consiste em fazer da vida obra de arte." (Mahatma Gandhi)
- "Há vários motivos para não se amar uma pessoa e um só para amá-la." (Carlos Drummond de Andrade)
- "Para fazer uma obra de arte não basta ter talento, não basta ter força, é preciso também viver um grande amor." (Mozart)
- "Só é útil o conhecimento que nos torna melhores." (Sócrates)
- "A sabedoria é um adorno na prosperidade e um refúgio na adversidade." (Aristóteles)
- "A maravilhosa disposição e harmonia do universo só pode ter tido origem segundo o plano de um Ser que tudo sabe e tudo pode. Isso fica sendo minha última e mais elevada descoberta." (Isaac Newton)
- "Pensa como pensam os sábios, mas fala como falam as pessoas simples." (Aristóteles)
- "O homem sábio é aquele que não se entristece com as coisas que não tem, mas se rejubila com as que tem." (Epíteto)
- "À beira de um precipício só há uma maneira de andar para a frente: é dar um passo atrás." (M. de Montaigne)
- "O que torna belo o deserto é que ele esconde um poço em algum lugar." (Saint-Exupéry)
- "De tudo o que se faz na vida ficam três coisas: a certeza de que sempre estamos iniciando; a certeza de que é preciso continuar e a certeza de que podemos ser interrompidos antes de terminar. Fazer da interrupção, caminho novo. Fazer da queda, passo de dança. Do medo, escada. Do sonho, ponte. Da procura, encontro. Assim terá valido a pena existir." (Fernando Sabino)
- "Nada nos humilha mais do que a coragem alheia." (Nelson Rodrigues)
- "Não basta conquistar a sabedoria, é preciso usá-la." (Cícero)

Faço tudo

Faço tudo o que for preciso
para compartilhar do teu sorriso.

Faço tudo o que for permitido
para ver a tua vida com sentido.

Faço tudo o que for certo
para continuar bem perto.

Faço tudo o que for conveniente
para ajudar a abrir mais a mente.

Faço tudo o que puder conquistar
para sentir a beleza na arte de amar.

Faço tudo o que estiver ao meu alcance
para fazer da vida o mais belo lance.

Faço tudo o que for para avançar
para dar adeus à tentação de recuar.

Faço tudo o que for possível
para sonhar com o impossível.

Referências

ALVES, Rubem. *O retorno e terno. Crônicas.* São Paulo: Papirus, 1996.

ANDRADE, Carlos Drummond. *Antologia poética.* Rio de Janeiro/São Paulo: Record, 2002.

ARAÚJO, Paulo de. *A dança do tempo.* Petrópolis: Vozes: 1995a.

_____. *O amor não pode esperar.* Petrópolis: Vozes, 1995b.

BEAUCHAMP, Paul. *La loi de Dieu.* Paris: Éditions du Seuil, 1999.

BETHÂNIA, Maria. Tocando em Frente. De Renato Teixeira. *In: Sem limite.* Universal Brasil: 2001, faixa 10, volume 2 (CD).

CASALDÁLIGA, Pedro. *Tierra nuestra, libertad.* Buenos Aires: Guadalupe, 1974.

FRANKLIN, Benjamin. *O caminho para a prosperidade.* Blumenau: Eko, 2006.

GALILEA, Segundo. *A amizade de Deus. O cristianismo como amizade.* São Paulo: Edições Paulinas, 1988

GONZAGUINHA. O que é o que é. De Gonzaguinha. *In: Gonzaguinha, Série Nova Bis.* EMI: 2005, faixa 3, volume 2 (CD).

GUTIÉRREZ, Gustavo. *Beber no próprio poço.* Petrópolis: Vozes, 1987.

LOYOLA, Ignace de. *Exercices spirituels.* Paris: Éditions Desclée de Brouwer, 1986.

· Dinâmicas pedagógicas:
Técnicas e textos para o crescimento pessoal e coletivo ·

MARTINI, Carlo M. *Maria, la mujer de la reconciliación.* Bilbao: Sal Terrae, 1987.

MAYER, Canísio. *A educação em poesia.* São Paulo: Paulus, 2014.

_____. *A vida em poesia.* Aparecida: Santuário, 2013.

_____. *Amor em poesia.* Aparecida: Santuário, 2015.

_____. *Dinâmicas cinco estrelas.* São Paulo: Paulus, 2008.

_____. *Dinâmicas criativas.* São Paulo: Vetor, 2012.

_____. *Dinâmicas de grupo: Ampliando a capacidade de interação.* Campinas: Papirus, 2005.

_____. *Dinâmicas de grupo e textos criativos.* Petrópolis: Vozes, 2007a.

_____. *Dinâmicas para desenvolver o crescimento pessoal e coletivo.* Petrópolis: Vozes, 2007b.

_____. *Dinamizando a vida. Dinâmicas de grupos e textos sugestivos.* São Paulo: Celebris, 2005.

_____. *Encontros que marcam. Dinâmicas, encontros, exercícios, mensagens, reflexões.* São Paulo: Paulus, 2001, v. 3.

_____. *Fragmentos do cotidiano.* São Paulo: Paulus, 2009.

_____. *Heróis solidários.* Aparecida: Ideias & Letras, 2006.

_____. *Manual de dinámicas. Dinámicas creativas para diferentes momentos de la vida.* México, Distrito Federal: Palabra Ediciones, 2008.

_____. *Na dança da vida.* Aparecida: Ideias & Letras, 2006.

_____. *Na dinâmica da vida. Livro de dinâmicas de grupos.* Petrópolis: Vozes, 2004.

_____. *No sotaque do amor. Roteiros de encontros de formação.* Petrópolis: Vozes, 2005.

MAYER, Canísio. *No sotaque do andar. Roteiros de encontros de formação.* Petrópolis: Vozes, 2005.

MAYER, Canísio. *O poder de transformação*. Campinas: Papirus, 2007.

_____. *Por uma educação de valor*. São Paulo: Paulinas, 2012.

_____. *Sabedoria poética*. São Paulo: Paulus, 2010.

_____. *Sonhos em poesia*. São Paulo: Paulus, 2009.

_____. *Viver e conviver – dinâmicas e textos para diferentes momentos*. São Paulo: Paulus, 1998.

_____. *100 orações para os melhores momentos da vida*. Aparecida: Santuário, 2013.

MESTERS, Carlos. *Com Jesus na contramão*. São Paulo: Edições Paulinas, 1995.

MELLO, Anthony de. *O canto do pássaro*. São Paulo: Edições Loyola, 1982.

MONSIOR, Jean-Paul. *Chemins d'humanisation*. Bruxelas: Éditions Lumem Vitae, 1998.

MONTENEGRO, Oswaldo. Metade. *In: João Sem Nome*. Brasília: 1975 (Musical).

PROGOFF, Ira. *La psicologia profunda y el hombre moderno*. Buenos Aires: De Psiqué, 1968.

RAVIER, André. *En retraite chez soi*. Saint-Maur: Éditions Parole et Silence, 1998.

SEIXAS, Raul. Metamorfose ambulante. De Raul Seixas. *In: Krig-ha, Bandolo!* Philips Records: 1973, faixa 3 (LP).

SOBRINO, Jon. *La fé en Jesucristo*. Madrid: Trotta Editorial, 1999.

VARILLON, François. *Viver o Evangelho*. Braga (Portugal): Editorial A.O., 1992.

· Dinâmicas pedagógicas:
Técnicas e textos para o crescimento pessoal e coletivo ·

astormentas.com/victorhugo.htm

editora-opcao.com.br/FrasesDitados-Paises.htm

kdfrases.com/autor/%C3%89mile-zola

pensador.uol.com.br/frase/Nzk0OTIy/

kdfrases.com/autor/octavio-paz

mensagenscomamor.com/frases-de-famosos/frases_de_camilo_castelo_branco.htm

mensagenscomamor.com/frases-de-famosos/george_eliot.htm

mensagenscomamor.com/frases-de-famosos/frases_de_balzac.htm

mensagenscomamor.com/frases-de-famosos/franz_kafka.htm

mensagenscomamor.com/frases-de-famosos/frases_augusto_branco.htm

mensagenscomamor.com/frases-de-famosos/frases_coelho_neto.htm

mensagenscomamor.com/frases-de-famosos/frases_c_s_lewis.htm

mensagenscomamor.com/frases-de-famosos/frases_francois_chateaubriand.htm

mensagenscomamor.com/frases_de_anthony_robbins.htm

mensagenscomamor.com/frases_de_dante_alihieri.htm

pensador.uol.com.br/autor/ana_jacomo/

pensador.uol.com.br/autor/rudyard_kipling/

pensador.uol.com.br/frases_de_oscar_wilde/

pensador.uol.com.br/autor/anatole_france/

pensador.uol.com.br/frases_inteligentes/2/

pensador.uol.com.br/frases_de_galileu_galilei/

pensador.uol.com.br/frases_de_winston_churchill/2/

pensador.uol.com.br/autor/jean_de_la_fontaine/2/

pensador.uol.com.br/autor/leon_tolstoi/

pensador.uol.com.br/mark_twain_frases/3/

pensador.uol.com.br/george_bernard_shaw_frases/

pensador.uol.com.br/autor/jean_cocteau/

pensador.uol.com.br/autor/alfred_de_vigny/

pensador.uol.com.br/autor/john_ruskin/

pensador.uol.com.br/autor/pitagoras/

pensador.uol.com.br/autor/jorge_luis_borges/2/

pensador.uol.com.br/frases_de_ferreira_gullar/

pensador.uol.com.br/autor/elbert_hubbard

pensador.uol.com.br/autor/baltasar_gracian/

pensador.uol.com.br/ditos_populares

quemdisse.com.br/tema.asp?tema=34&t=frases-albert-einstein

quemdisse.com.br/tema.asp?tema=23&t=frases-de-clarice-lispector

quemdisse.com.br/tema.asp?tema=50&t=frases-nelson-mandela

quemdisse.com.br/tema.asp?tema=31&t=frases-mario-quintana

quemdisse.com.br/tema.asp?tema=26&t=frases-do-fernando-pessoa

quemdisse.com.br/frase.asp?frase=83947

rodriguiana.blogspot.com.br/2008/09/o-brasil-karamazov.html

Acessos em: 30 de setembro de 2015.

APÊNDICES

A ▪ *Quem*

Mesmo que muitos prefiram...
Semear vento para colher tempestade,
divulgar fofocas em vez da verdade,
espalhar discórdia em vez de união.

Mesmo que muitos prefiram...
Alimentar a ira e colherem desafetos,
cultivar descaso e receberem despedidas,
plantar injustiças e colherem dominação...

Eu prefiro continuar acreditando e confiando
no ser humano,
no protagonismo das pessoas,
na civilização do amor e na força da verdade.

Sim, eu prefiro continuar acreditando e confiando
no contágio da solidariedade,
na transformação em comunhão e
na vitalidade da esperança.

Pois, quem sabe chorar,
torna-se humilde.

Quem ousa perdoar,
torna-se verdadeiro.

Quem acolhe os outros,
descobre-se como único.

Quem se compromete,
encontra sentido.

Quem rompe com o fechamento,
descobre alegria.

Quem planta sementes,
colhe frutos.

Quem cultiva flores,
sente o perfume.

· Dinâmicas pedagógicas:
Técnicas e textos para o crescimento pessoal e coletivo ·

Quem semeia trigo,
colhe o alimento.

Quem planta ternura,
encontra o abraço.

Quem semeia bom humor,
encontra esperança.

Quem planta justiça,
colhe paz.

Quem semeia verdade,
encontra confiança.

Quem semeia amor,
encontra gratidão.

"Se um dia tiver que escolher entre o mundo e o amor...
Lembre-se: se escolher o mundo, ficará sem o amor,
mas se escolher o amor, com ele conquistará o mundo."
(Albert Einstein)

B ▪ *Se for para...*

Se for para pular,
que seja no coração.

Se for para reconfigurar,
que seja a vida.

Se for para projetar,
que sejam os sonhos.

Se for para organizar,
que seja a esperança.

Se for para parar,
que seja de correr.

Se for para deletar,
que seja o egoísmo.

Se for para esfriar,
que seja a raiva.

Canísio Mayer

Se for para esquentar,
que seja a ternura.

Se for para chorar,
que seja de alegria.

Se for para mentir,
que seja sobre as vantagens próprias.

Se for para roubar,
que seja um abraço.

Se for para perder,
que seja o medo.

Se for para acovardar,
que seja diante da violência.

Se for para cair,
que seja no bom humor.

Se for para sentir fome,
que seja de amor.

Se for para sentir dor,
que seja de arrependimento.

Se for para ser feliz,
que assim seja eternamente.

"O tempo muito nos ensinou.
Ensinou a amar a vida, não desistir da luta,
recomeçar na derrota, renunciar às palavras e aos pensamentos
negativos. Enfim, acreditar nos valores humanos. Ser otimista!"
(Cora Coralina)

C ▪ *Viva mais...*

Crie mais,
sofra menos,
complique menos,
ame mais,
iluda-se menos.

Ocupe-se mais,
busque mais,
sonhe mais,
aceite mais.

Caminhe mais e corra menos,
deguste mais e exija menos,
silencie mais e fale menos,
contemple mais e olhe menos.

Viva mais,
culpe-se menos e culpe menos,
compreenda mais e lamente menos,
aceite mais e discuta menos.
desfrute mais e chore menos.

Olhe mais nos olhos,
aproxime-se mais,
abrace mais,
sonhe mais.

Sinta o sol,
contemple o luar,
deixe-se tocar pelas estrelas.

Sinta o vento,
molhe-se na brisa,
banhe-se na chuva.

Acaricie as flores,
escute os pássaros,
sinta o perfume.

Saia mais,
descentralize-se mais,
arrisque mais,
ria mais,
brinque mais,
viva mais... muito mais!

> "O que torna belo o deserto é que ele esconde
> um poço em algum lugar."
> (Saint-Exupéry)

D ▪ *Quero ser...*

Quero ser a *aurora*
para dissipar a escuridão da noite,
para fazer brilhar a luz do dia,
para abraçar o dom da vida.

Quero ser *fogo*
para aquecer os corações sofridos,
para queimar o mal que atormenta,
para iluminar a vida de muitos.

Quero ser *vida*
para fazer brotar a semente.
para anunciar esperança,
para acolher um novo dia.

Quero ser *sol*
para aquecer horizontes,
para fazer crescer a planta,
para dar novas cores a tudo.

Quero ser *carinho*
para acariciar a ternura,
para afagar rostos amigos,
para reavivar o amor.

Quero ser *chuva*
para fertilizar a terra ressequida,
para dar uma nova vitalidade,
para lavar e tornar tudo novo.

Quero ser *jardim*
para conviver com as flores,
para ser trilha, caminho, passagem,
para perfumar e pacificar corações.

Quero ser *música*
para fazer vibrar e dançar,
para sentir e movimentar,
para ritmar e viver.

"Não se queixe porque a roseira tem espinhos.
Alegre-se porque o espinho tem rosas."

(Provérbio árabe)

E ▪ *Prefiro ser...*

Prefiro ser luz
para iluminar os que vivem na escuridão.

Prefiro ser sonho
para fazer voar e buscar novos horizontes.

Prefiro ser lágrima
para sensibilizar corações endurecidos.

Prefiro ser aconchego
para acolher os exaustos.

Prefiro ser olhos
para fazer enxergar a verdade do amor.

Prefiro ser sorriso
para encantar os lábios amargurados.

Prefiro ser o luar
para iluminar com o charme do brilho.

Prefiro ser grito
para emprestar a voz aos emudecidos.

Prefiro ser sinal
para fazer ecoar uma nova sinfonia.

Prefiro ser voz
para cantar um novo dia.

Prefiro ser silêncio
para ser escutado.

Prefiro ser acolhida
para acalmar os perdidos.

Prefiro ser cor
para colorir a vida.

Prefiro ser orquestra
para tocar uma música afinada.

Prefiro ser luz
para iluminar a magia do existir.

> "A vida é uma peça de teatro que não permite ensaios...
> Por isso, cante, ria, dance, chore e
> viva intensamente cada momento de sua vida,
> antes que a cortina se feche e a peça termine sem aplausos..."
> (Charlie Chaplin)

F ▪ *A morada da felicidade*

Buscar a felicidade...
É acreditar que ela existe.
É focar o coração no que é essencial.
É insistir na busca de um projeto de vida.
É fazer o caminho ao caminhar.

Acreditar na felicidade...
É confiar que é preciso continuar buscando.
É acreditar que ela está nesta busca incessante.
É desarmar-se e estar atento às pequenas coisas da vida.
É abrir as portas e esperar que ela sempre pode nos surpreender.

A felicidade busca morada...
Em corações livres.
Em mentes desarmadas.
Em atitudes bem-humoradas.
Em gestos de amor.

A felicidade se encontra...
Na sinceridade das palavras.
Na força do perdão.
Na superação dos medos.
Na alegria de viver.

A felicidade marca presença...
Em encontros desencontrados.
Nos caminhos que se cruzam.
Nos desafios enfrentados.
Nos objetivos focados.

A felicidade...
Valoriza cada sorriso e interpreta os momentos difíceis.
Alegra-se no bem-estar e silencia na perplexidade.
Celebra o sucesso e aprende lições nos fracassos.
Dança nas festas e reflete os momentos de crise.

A felicidade...
Vibra com cada minuto.
Dança com todos.
Abraça com carinho, a ternura, a confiança.
Anda de mãos dadas com a esperança, fiel companheira.

· Dinâmicas pedagógicas:
Técnicas e textos para o crescimento pessoal e coletivo ·

A felicidade nos faz...
Protagonistas da vida.
Sujeitos das decisões.
Corresponsáveis pela história.
Incansáveis buscadores da felicidade.

A felicidade nos faz...
Fortes nos sentimentos.
Seguros nas controvérsias.
Persistentes nas provações.
Livres nas relações.

A felicidade nos...
Faz reconhecer nossos erros... E acolhê-los.
Torna capaz de amar a todos... Gratuitamente.
Convida a acender velas pelo caminho... E deixá-las iluminar.
Impulsiona a escrever belos poemas... Em muitos corações.

A felicidade ajuda a...
Conviver com as adversidades.
Reconfigurar os afazeres da vida.
Refinar a paciência.
Criar novas possibilidades de viver.

A felicidade nos desafia...
A nunca desistirmos dos sonhos.
A nunca desistir de nós mesmos.
A nunca desistir dos amigos.
A nunca desistir do milagre da vida.

"A felicidade não depende do que nos falta,
mas do bom uso que fazemos do que temos."
(Thomas Hardy)

G ▪ *A força*

Ou frio ou quente,
não é possível ser morno.

Ou a favor ou contra,
não existe atitude neutra.

Ou verdadeiro ou falso,
não existe coluna do meio.

Canísio Mayer

Ou decidido ou relaxado,
não existe mais ou menos.

Sim, hoje posso rir ou chorar,
depende de minha entrega livre.

Posso viver no bom humor ou na tristeza,
depende da minha decisão.

Posso edificar ou destruir,
depende de minhas mãos e de minhas decisões.

Posso ser ou aparentar,
depende dos meus valores.

Posso qualificar ou quantificar,
depende dos meus conceitos.

Posso alegrar ou reclamar,
depende dos meus valores.

Posso reconhecer ou lamentar,
depende da minha sensibilidade.

Posso correr ou caminhar,
depende da maneira de compreender a vida.

Posso cair ou permanecer de pé,
depende da força de minhas convicções.

Posso abrir ou fechar as mãos,
depende do meu coração.

Posso servir ou ser servido,
depende do sentido da vida.

Posso reclamar ou agradecer,
depende do tipo de pessoa que quero ser.

Posso reclamar do trabalho ou dignificá-lo,
depende das motivações.

Posso lamentar decepções ou entusiasmar-me
com novas possibilidades,
depende do meu projeto de vida.

Posso ficar preso ao passado ou lançar-me ao futuro
depende dos sonhos que alimento.

· Dinâmicas pedagógicas:
Técnicas e textos para o crescimento pessoal e coletivo ·

Posso viver o dia como noite ou como luz,
depende do tipo de energia que existe em mim.

Posso culpar os outros ou assumir meus atos,
depende do amor que carrego em mim.

A vida está em minhas mãos, em nossas mãos
a vida está em suas mãos. Viva-a!

> "Circunda-te de rosas, ama, bebe e cala.
> O mais é nada. "
> (Fernando Pessoa)

H · *Você amadurece*

Você amadurece quando...
Transforma conhecimentos em sabedoria de vida,
consegue rir dos próprios limites e fragilidades e
ajuda seus semelhantes mais do que recebe.

Você amadurece quando...
Orienta a raiva e a fúria para o bem,
lida com as desilusões sem ressentimentos e
é você mesmo sem se preocupar com comentários alheios.

Você amadurece quando...
Arrebenta as correntes e dá asas aos sonhos,
detona máscaras e mostra seu rosto amigo,
despede o medo e acontece na coragem do arriscar.

Você amadurece quando...
Semeia sonhos e cultiva a esperança,
olha nos olhos e não faz discriminação,
abraça sinceramente e fala com emoção.

Você amadurece quando...
Acolhe as derrotas com a cabeça erguida,
sabe discutir ideias e não debater pessoas,
sintoniza o coração na estação do presente.

> Poesia é acender uma vela.
> É fazer memória viva do passado,
> degustar o presente, sonhar o futuro.
> Poesia é acionar a delicada e
> criativa veia poética, e deleitar-se.

Canísio Mayer

I ▪ *Você é especial*

Você é especial:
Porque inspira confiança,
porque sabe escutar,
porque procura compreender,
porque gosta de estar do meu lado.

Você é especial:
Porque não tem medo do futuro,
porque acredita em você mesmo,
porque alimenta grandes esperanças,
porque não desanima nunca.

Você é especial:
Porque não tem vergonha de ser feliz,
porque sabe rir, chorar, gritar...
Porque sabe cair e recomeçar, descer e subir...
Porque sabe transformar as dificuldades em oportunidades.

Nós somos especiais:
Porque nossos olhos se abraçam,
porque nossos corações se buscam,
porque nossas mãos se apertam,
porque nossos sonhos nos fazem avançar.

Nós somos especiais:
Porque somos amados,
porque escrevemos páginas de amor,
porque acreditamos na amizade,
porque somos amigos.

O artista, desportista, músico, poeta e místico têm algo em comum:
A percepção e o testemunho de que a melhor fala não vem da língua.

J ▪ *Sonho*

Apesar de tanta escuridão,
vejo uma luz no fundo do túnel.

Apesar de tanto descontentamento,
vejo sinais de gratuidade,

Apesar da força dos prepotentes,
vejo a força no sorriso de uma criança.

· 139 ·

Apesar de tanta exploração,
sinto compaixão pelo ser humano.

Apesar de tanta dor,
sinto sinais de esperança.

Apesar de tantos problemas,
sinto o apoio de mãos amigas.

Apesar de tantas manifestações de violência,
sonho com uma justiça social.

Apesar de tantas pessoas egocêntricas,
sonho com a ciranda dançada por todos.

Apesar de tantas falsas lideranças,
sonho com a plantinha do respeito.

Apesar da prepotência,
prefiro a simplicidade.

Apesar do desrespeito,
sonho com a dignidade.

Apesar das desigualdades,
escolho a justiça.

Apesar da falta de memória,
acredito na história.

Apesar do esquecimento,
agradeço a presença dos ausentes.

Apesar de tanta racionalidade,
sinto saudades.

Sinto a realidade, a mão amiga, a paz...
Vejo o olho, o novo, o amanhã...
Amo a ternura, o abraço, o amor...

Prefiro o sonho, o amanhã, o carinho...
Desejo a esperança, o olhar sincero, o sabor...
Sonho com a criança, o perfume, o céu...

Busco horizontes, o crescimento, o afeto...
Escolho a vida, o desafio, o diferente...
Contemplo o inusitado, as lembranças... O sempre.

"Sonho com o dia em que a justiça correrá como água
e a retidão, como um caudaloso rio."

(Martin Luther King)

K ▪ *Quando...*

Nunca se ganha tanto quando se dá carinho.
Nunca se dá tanto quando se dá esperança.
Nunca se aprende tanto quando se dá oportunidade.
Nunca se ama tanto quando se ama gratuitamente.

Nunca se espera tanto quando a espera é no caminhar.
Nunca se caminha tanto quando se caminha numa mesma direção.
Nunca se constrói tanto quando se constrói em mutirão.
Nunca se alcança tanto quando se consegue com o coração.

Nunca mais dor sem amor.
Nunca mais ação sem contemplação.
Nunca mais ternura sem compromisso.
Nunca mais razão sem afeto.

Nunca mais ambiguidade sem verdade.
Nunca mais poesia sem cantoria.
Nunca mais projetos sem esperança.
Nunca mais sonho sem coração.

Sempre de novo...
Buscar e perseverar.
Chegar e recomeçar.
Ousar e fazer acontecer.
Sonhar e persistir.

Aprender a conciliar e integrar...
O individual e o social.
O ontem e o sempre.
A presença e a ausência.
O ideal e o real.

Sempre e sempre de novo e sem medo...
Rir e chorar...
Sonhar e realizar...
Abraçar e estar só...
Amar e continuar amando... Sempre.

"Nós olhamos pouco para os seres amados. Tão fácil olhar, e repito: olhamos tão pouco. Não olhei para meu pai como devia. Por que não me embebi do seu gesto, do seu sorriso, do seu olhar; de suas mãos, por que não olhei muito mais suas mãos?"

(Nelson Rodrigues)

· Dinâmicas pedagógicas:
Técnicas e textos para o crescimento pessoal e coletivo ·

L ▪ *Aprendiz*

Quando falar,
deixe que a linguagem personifique o silêncio.

Quando debater, cuide para que as palavras
sejam melhores que o silêncio.

Quando cair, faça com que a coragem de se levantar
seja mais forte que a humilhação da queda.

Quando errar, faça com que o arrependimento
seja mais forte que a loucura do erro.

Quando chorar, faça com que as lágrimas
fertilizem muitos corações.

Quando desanimar, olhe para o passado
e perceba como superou os desafios próprios de cada época.

Quando olhar, faça com que esta comunicação
seja de acolhida, compreensão e bem-querer.

Quando abraçar, faça com que o calor humano
comungue com a certeza de não querer estar só.

Quando caminhar, faça-o no sotaque da multidão.
Quando sonhar, faça-o com os olhos abertos.

Quando ganhar, faça-o com alegria.
Quando perder, não perca a classe.
Quando sorrir, faça-o com verdade.
Quando amar, ame sem medo.

"Amigos são aquelas pessoas que perguntam
como estamos e aguardam a resposta."
(Ed Cunningham)

M ▪ *Discernimento*

É sensato saber parar,
é salutar saber contemplar,
é fundamental saber escutar,
é imperativo saber silenciar.

Canísio Mayer

É louvável saber esperar,
é edificante saber falar,
é revolucionário saber amar,
é necessário saber recomeçar.

É grandioso saber significar,
é gostoso saber degustar,
é interessante saber abraçar,
é demais saber viver.

É bom saber escutar o silêncio,
é fantástico banhar-se na esperança,
é novidade saber confiar,
é dinâmico insistir em continuar.

Escutar é deixar-se encontrar,
contemplar é unificar-se,
viver é estar de bem,
persistir é o segredo do caminho.

"Todos os dias devíamos ouvir um pouco de música,
ler uma boa poesia, ver um quadro bonito e, se possível,
dizer algumas palavras sensatas."
(Goethe)

N ▪ *Deixar-se encontrar*

Deixar-se encontrar pela vida, pelas mãos amigas, pelo amanhã...
Deixar-se encontrar pela missão, pelo novo, pelos desafios...

Deixar-se encontrar nas escolhas, no compromisso, na missão...
Deixar-se encontrar na alegria, no bom humor, no sempre.

A vida presente aplaude pessoas motivadas.
As pessoas sempre buscam corações sensíveis.

O mundo de hoje deseja construtores da paz.
A esperança de hoje é da civilização do amor.

Encontros que marcam deixam pistas na vida.
Liberdades livres fazem levantar voos.

Sonhos solidários despertam atitudes amigas.
Corações apaixonados buscam o amor e a vida.

"As coisas mudam no devagar depressa dos tempos."
(Guimarães Rosa)

· Dinâmicas pedagógicas:
Técnicas e textos para o crescimento pessoal e coletivo ·

O ▪ *Celebrar*

Celebrar é compreender que a vida está grávida de um mistério maior...
Muito mais forte que a dor, os desafios, a idade...
Muito mais potente que os problemas, o ontem, os medos...
Muito mais transparente que as noites, as incompreensões, os perigos...

Celebrar é...
Saber que sempre estamos chegando e sempre estamos partindo...
Assumir a caminhada como um processo contínuo e continuado...
Viver o hoje como presente que se move entre o ontem e o amanhã...

Celebrar é...
Acreditar que sempre existe uma luz no fundo do túnel,
continuar o caminho apesar de tudo e de todos,
confiar que a luz do dia vencerá a escuridão da noite.

Sim, celebrar...
É olhar para cima, para os outros e extasiar-se.
É perder-se na contemplação,
é escutar a voz do silêncio.

Celebrar a vida...
É mergulhar no sentido, não na formalidade.
É saborear uma caminhada, não somente o resultado,
é dançar com a música, não com a partitura.

Celebrar a vida...
É inebriar-se no perfume, sem estragar a flor,
é escutar a sinfonia, participando da orquestra,
é ser seta indicadora, não a finalidade da viagem.

"Há pessoas que transformam o sol numa simples mancha
amarela, mas há também aquelas que fazem
de uma simples mancha amarela o próprio sol."

(Pablo Picasso)

P ▪ *Hoje e amanhã*

Hoje quero sentir e viver para amanhã poder agradecer.
Hoje quero olhar e guardar para amanhã poder recordar.

Hoje quero contemplar e interiorizar
para amanhã poder rememorar.

Hoje quero fazer e acontecer
para amanhã poder me surpreender.

Hoje quero respeitar e tolerar
para amanhã poder testemunhar.

Hoje quero priorizar e degustar
para amanhã poder arriscar.

Hoje quero sentir a vida doce ou amarga
para amanhã saber escolher.

Hoje quero uma rotina bem criativa
para amanhã senti-la bem vivida.

Hoje quero alegrar e sorrir
para amanhã poder persistir.

Hoje quero acarinhar e conviver
para amanhã poder reconhecer.

Hoje quero conviver e viver
para amanhã poder engrandecer.

Hoje quero conhecer e compreender
para amanhã não esquecer.

"Desistir... Eu já pensei seriamente nisso, mas nunca me levei
realmente a sério; é que tem mais chão nos meus olhos do que
o cansaço nas minhas pernas, mais esperança nos meus passos
do que tristeza nos meus ombros, mais estrada no meu
coração do que medo na minha cabeça."

(Cora Coralina)

· Dinâmicas pedagógicas:
Técnicas e textos para o crescimento pessoal e coletivo ·

Q ▪ *O menos pode ser mais*

Mais coragem nos pés
e menos atitude sem fé.

Mais sonho na calma
e menos pesadelo na alma.

Mais ousadia nas decisões
e menos medo nas indefinições.
Mais foco para realizar
e menos palavras para lamentar.

Mais metas na superação
e menos desânimo e indecisão.

Mais alegria em cada momento
e menos falta de reconhecimento.

Mais bom humor na forma de proceder
e menos frieza em cada amanhecer.

Mais prazer em curtir o sabor
e menos protelação ao amor.

Mais naturalidade no acolher
e menos racionalidade na arte de ser.

Mais sinceridade na paixão
e menos perda de tempo com insatisfação.

"Gostaria de te desejar tantas coisas. Mas nada seria suficiente.
Então, apenas desejo que você tenha muitos desejos.
Desejos grandes. E que eles possam te mover a cada minuto,
no rumo da sua felicidade."
(Carlos Drummond de Andrade)

R ▪ *Movimento pensante*

Nem sempre o mais inteligente é o mais sábio
e nem sempre o mais calado é o mais tímido.
Nem sempre o mais perspicaz é o mais curioso
e nem sempre o mais esperto é o mais ético.

Nem sempre o mais sincero é o mais verdadeiro
e nem sempre o mais caro é o mais valioso.
Nem sempre o mais dedicado é o mais eficiente
e nem sempre o mais compassivo é o mais solidário.

Nem sempre o mais ocupado é o mais compromissado
e nem sempre o mais calmo é o mais pacífico.
Nem sempre o mais teimoso é o mais persistente
e nem sempre o mais esperançoso é o mais confiante.

Quase sempre o mais confuso é o mais estressado
e o mais descentralizado é o mais amado.
Quase sempre o mais humilde é o mais resistente
e o mais autêntico é o mais sorridente.

Quase sempre o mais responsável é o mais autônomo
e o mais preocupado é o mais sensível.
Quase sempre o mais prudente é o mais independente
e o mais carinhoso é o mais atraente.

Quase sempre o mais solidário é mais consciente
e o mais amigo é mais presente.
Quase sempre o mais profundo é mais surpreendente
e o mais feliz é mais envolvente.

Nem sempre o mais sofrido é o mais triste
e nem sempre o mais excitante é o mais emocionante.
Quase sempre o mais acomodado é o mais invejoso
e o mais companheiro é o mais corajoso.

"A simplicidade é um tesouro para a alma. Preserve-o.
Não confunda a elegância com a marca da roupa.
Elegância é o corpo em harmonia com a alma,
combinando com a leveza do amor."
(Rhenan Carvalho)

S ▪ *Sábia curiosidade*

Tem coisa que não tem preço, mas pode ter troco.
Tem situações que não compensam ressentimentos, nem amnésia.
Tem gente que se olha demais, para não se ver.
Tem gente que se justifica demais, para não assumir.

Tem gente que tem facilidade em aparentar que está diferente
e não se dá conta de que o diferencial está em ser melhor.
Tem gente que busca incessantemente a perfeição
e facilmente se esquece de que ser feliz é mais importante.

Tem gente que fala quando deveria silenciar
e têm pessoas que silenciam quando deveriam se manifestar.

Tem gente que leva tempo para entender que críticas são importantes,
mas que têm verdadeiro valor quando são feitas olhando nos olhos.

Tem gente que entende que melhor que jogar lixo pelo caminho,
é jogar sementes.
Tem gente que compreende que melhor que maldizer a escuridão,
é acender velas.

Têm pessoas que avaliam o jardim pelas folhas que caem
e têm outras que se encantam pelas flores perfumadas.
Tem gente que leva tempo para compreender que espalhar cinzas é fácil,
mas recolhê-las é quase impossível.

Tem gente que faz de tudo para que a presença seja notada,
em vez de viver de tal forma que sua ausência seja sentida.
Têm pessoas que deixam belos sonhos pelo caminho
e, por isso, belas páginas do futuro deixarão de serem escritas.

"Aqueles que têm um grande autocontrole,
ou que estão totalmente absortos no trabalho, falam pouco.
Palavra e ação juntas não andam bem.
Repare na natureza: trabalha continuamente, mas em silêncio."
(Mahatma Gandhi)

T ▪ *Dois verbos e uma vida*

Reconfigure o olhar, mas mantenha foco no alcançar.
Mude ideias, mas mantenha princípios.

Reconfigure planos, mas mantenha metas.
Mude posições, mas mantenha atitudes.

Reconfigure o cotidiano, mas mantenha sonhos.
Mude prioridades, mas mantenha a felicidade.

Reconfigure a situação, mas mantenha vibração.
Mude as folhas, mas mantenha as raízes.

Reconfigure momentos, mas mantenha conhecimentos.
Mude estação, mas mantenha compaixão.

Reconfigure a impaciência, mas mantenha consciência.
Mude aparência, mas mantenha a essência.

Mude caminhos, mas mantenha o horizonte.
Reconfigure estrelas, mas mantenha o brilho.

Mude de direção, mas mantenha a motivação.
Reconfigure atuações, mas mantenha convicções.

"Foram dadas a nós duas pernas para andar, duas mãos
para segurar, dois ouvidos para ouvir, dois olhos para ver.
Mas por que só um coração?
Porque o outro foi dado a alguém para nos encontrar."
(Mário Quintana)

Esta obra foi composta em CTcP
Capa: Supremo 250g – Miolo: Pólen Soft 80g
Impressão e acabamento
Gráfica e Editora Santuário